마법처럼 영어가 입에서 술술 나오는

Magic Talk! English

응용

Chris Suh

MENTORS

마법처럼 영어가 입에서 술술 나오는
Magic Talk! English! - 응용

2025년 10월 15일 인쇄
2025년 10월 21일 발행

지은이	Chris Suh
발행인	Chris Suh
발행처	**MENT⦿RS**
	경기도 성남시 분당구 황새울로 335번길 10 598
	TEL 031-604-0025 FAX 031-696-5221
	mentors.co.kr
	blog.naver.com/mentorsbook
	* Play 스토어 및 App 스토어에서 '멘토스북' 검색해 어플다운받기!
등록일자	2005년 7월 27일
등록번호	제 2022-000130호
ISBN	979-11-94467-99-1
	979-11-94467-96-0(세트)
가 격	23,600원(MP3 무료다운로드)

잘못 인쇄된 책은 교환해 드립니다.
이 책에 게재된 내용의 일부 또는 전체를 무단으로 복제 및 발췌하는 것을 금합니다.

머리말

안해본게 없는 영어공부

영어를 잘 하고 싶은 마음에 서점에서 이책 저책 둘러보고, 유명하다는 어플도 구매해보고 그리고 다양한 유튜브를 전전하는 무지막지한 노력을 기울여도 언제나처럼 영어실력은 도돌이표로 돌아온다. 왜 그럴까... 가장 좋은 방법은 미국이나 영국에 가서 네이티브와 부딪히며 배우는게 최고이지만 다 그렇게 할 수 없기 때문에 다른 방법을 찾게 된다. 물론 미국에 1-2년 살아도 애국심을 발휘하여 한국사람들하고만 생활하면 말짱 도루묵이 될 것이다.

이젠 영어공부 달리해야

우리 영어 네이티브가 아니기 때문에 그들과는 좀 다른 방식으로 영어를 학습하여야 한다. 후천적으로 영어를 배워야하는 우리는 영어에 자주 나오는 패턴과 패턴에 붙여 쓸 수 있는 다양한 영어표현들을 알아두어야 한다.

Magic Talk! English 기본-핵심-응용

이러한 기획하에 꾸며진 교재가 바로 이 <Magic Talk! English 기본 - 핵심 - 응용>이다. 각권 Section 2에서는 가장 기본이 되는 패턴을 기본, 핵심, 응용으로 구분하여 정리하였으며, 각권 Section 1에서는 패턴을 학습하기 전에 알아두면 좋은 영어표현들을 수록하여 본격적인 영어학습 전에 워밍업을 할 수 있도록 꾸며져 있다. Section 3에서는 어려운 영어의 담을 헐고 영어에 대한 재미를 느낄 수 있도록 다양한 코너를 마련하였다. 그리고 마지막으로 각권 Supplement에서는 추가적으로 알아두면 좋은, 감탄사, 속담 그리고 명언과 미신 등을 수록하였다.

영어기본을 확실히 다져야

영어공부는 눈사람을 만드는 것과 같아, 초보 단계에서는 한두권의 책을 여러번 봐서 기본을 단단히 하는 것이다. 그런 다음에 여러 다양한 책을 통해 실력을 다지고 늘려나가는 것이다. 반복만이 살 길이다. 지겨울 정도로 끊임없이 반복하면서 암기해 교재의 모든 것을 자기 것으로 만들어야 한다. 그래야 이기는 영어를 할 수 있다. 중도에 또 포기하고 이곳저곳 기웃이기만 한다면 망가진 레코드(broken record)처럼 그 자리에서 계속 돌기만 할 뿐이다. 아무쪼록 이 <Magic Talk! English 기본 - 핵심 - 응용> 시리즈가 여러분의 영어실력에 기본을 다지는 소중한 교재가 되기를 바란다.

Section 1은 워밍업으로 가볍게 보고, Seciton 3은 웃으면서 재미있게 읽어봅니다. 본격적인 학습은 Section 2로, 네이티브가 문장은 3번씩, 그리고 대화는 2번씩 읽어줍니다. 계속 따라 말하고 써봅니다.

이책의 특징

1. Magic Talk! English 3권으로 영어회화하는데 가장 중요한 패턴들을 집중적으로 수록하였다.
2. 시작하기에 앞서 영어회화에서 자주 쓰이는 부사나 부사구를 총정리하여 영어회화하는데 도움이 되도록 하였다.
3. Section 3의 재미난 영어세계 이모저모에서는 <알쏭달쏭 영단어구분하기>, <바로잡자! 콩글리시!>, 그리고 <사연있는 영어표현들>을 수록하여 부담없이 영어에 접근할 수 있는 공간을 만들었다.
4. 또한 Supplement에서는 <놀라운 감탄사의 세계>(1권), <시공을 초월하여 교훈을 주는 영어속담 Best 28>(2권), 그리고 <세월이 가도 잊혀지지 않는 명언과 미신!>(3권)을 수록하여 영어학습에 다양성과 풍요로움을 더했다.
5. 모든 영문은 생기발랄한 네이티브들의 목소리로 들을 수 있다.

이책의 구성

1. 단계별로 <Magic Talk! English - 기본>, <Magic Talk! English - 핵심>, 그리고 <Magic Talk! English - 응용> 등 총 3권으로 구성되어 있다.
2. 3권 모두, Section 1, 2, 3, 그리고 Supplement로 다양하게 꾸며져 있다.
3. 각권 중심은 Section 2가 중심으로 이를 집중적으로 학습하고, 필사까지 해보면 영어실력이 일취월장할 것이다.
4. Section 1, 3은 Seciton 2를 학습하기 위해 워밍업을 하거나 아니면 Section 2학습을 끝내고 영어의 다양한 모습을 보기 위해 수록되었다.
5. Supplement를 통해 영어에 대한 추가적인 정보들을 수록하여 부담없이 볼 수 있도록 꾸며져 있다.

이책을 보는 법_Section 2, 3를 중심으로

응용공식 001
I would like to + V
난 …하고 싶어요

응용공식
영어회화 응용공식의 순차적인 번호 및 우리말 옮김.

만년초보 탈출하기
자신이 원하는 바를 공손하게 표현하는 구문. 직접적으로 I want to~라고 하는 것보다는 어감상 좀 더 조심스럽고 예의바른 느낌을 준다. 바램을 보다 강하게 나타내려면 like 대신에 love를 써서 I'd love to~라 하면 된다. 단, 두 가지 사항에 주의하자! 먼저 would를 빼고 I like to~라 하면 이때는 '지금', '이곳에서' 내가 뭘 원하는 것이 아니라 시공간을 초월해 내가 좋아하는 「기호」를 언급

만년초보탈출하기
회화공식을 언제 어떠한 상황에서 사용해야 하는지를 정확히 알려주는 무지무지 친절한 설명.

큰 소리로 영어문장 말해보기
1. 그 영화를 보고싶어.
   I would like to watch the movie.
2. 난 하와이에 가고 싶다.
   I would like to go to Hawaii.

큰 소리로 영어문장 말해보기
영어회화공식을 가장 쉽고 간단하게 활용해 보며 반복되는 네이티브의 녹음을 따라 큰소리로 말해본다.

잊어버리기전에 한번 써보기
1. 난 이번 여름에 파리에 가서 에펠탑을 좀 보고 싶어요.
   Hint ...에 가다: go to + 장소
   ▶
2. 그 대학에서 어떤 것을 가르치는지 알고 싶어요.
   Hint 알아보다: find out
   ▶
   1. **I would like to** go to Paris to see the Eiffel Tower this

내 입에서 영어가 나올 줄이야!
A: 연극 표를 사고 싶은데요.
B: I'm sorry, but they are all sold out for tonight.
A: Okay, I guess I will take a ticket for tomorrow night then.

A: **I would like to** buy a ticket for the play.
B: 죄송하지만 오늘 밤 입장권은 다 팔렸습니다.

잊어버리기 전에 한번 써보기
일상생활이나 비즈니스 상황에서 쓰이는 간단한 우리말 문장을 방금 배운 공식의 힘을 빌어 영작해보며 영어구문을 입에 익힌다.

내 입에서 영어가 나올 줄이야!
실전 ABA 대화를 통해 회화공식을 확인하는 자리로 자연스러운 대화 속에서 방금 배운 표현이 어떻게 쓰였나를 감각적으로 체득하며 완전한 자기 것으로 만든다.

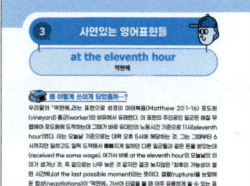

알쏭달쏭 영단어 구분하기
비슷비슷한 단어들의 미묘한 차이를 예문과 함께 설명하였다.

바로잡자! 콩글리시!
아직도 콩글리시인지도 모르는 비극을 막기 위해 중요한 콩글리시 퇴치법을 제공한다.

사연이 있는 영어표현들
일부 표현들은 왜 그렇게 쓰이는지 깊은 사연이 있다. 그런 표현들만을 모았다.

SECTION 1

미리 알고 들어가기
문장을 부드럽게 해주는 부사구! ········ 008

SECTION 2

Magic Talk! English
응용공식 001- 103 ········ 036

SECTION 3

재미난 영어세계 이모저모
1. 알쏭달쏭 영단어 구분하기 ········ 244
2. 바로잡자! 콩글리시! ········ 262
3. 사연있는 영어표현들 ········ 272

SUPPLEMENT

세월이 가도 잊혀지지 않는 명언과 미신! ········ 302

SECTION 1

미리 알고 들어가기

문장을 부드럽게 해주는 부사구!

001

by the way

By the way, is she going to come?
그런데 말야, 그 여자 올거래?

우리말로 보통 「그건 그렇고」, 「그런데 말야」로 옮겨지는 표현. By the way는 뭔가 중심되는 얘기를 나누다가 문득 다른 얘기가 생각나 「그러고 보니까 말인데」, 「그건 그렇고」하며 곁가지로 들어가는 표현이다.

A: Oh, by the way, I saw your sister yesterday.
B: Really? What did she say?
A: She misses you and said to call her.
B: Yeah, I haven't called her in a month.

A: 어, 그런데 말야, 나 어제 네 여동생 봤어.
B: 정말? 걔가 무슨 말 했니?
A: 널 보고 싶다고 자기한테 전화 좀 해달래.
B: 맞아, 한 달이나 걔한테 통 전화를 못했거든.

002

come to think of it

Come to think of it, I forgot locking the door
그러고 보니까, 문 잠근다는 걸 깜박했어

무심코 지나친 일에 대해 혹은 잊어버린 일 또는 미쳐 생각지 못했던 일이 문득 떠오를 때 「이제 보니까」, 「생각해 보니까」하며 되짚어 보려면 come to think of it을 이용하면 된다.

A: I think I could type that report for you.
B: Really? That would be great.
A: **Come to think of it,** let me ask Donna. She's a faster typist than me.
B: Okay. Whatever you think.

> A: 그 보고서 타이핑해줄 수 있을 것 같아요.
> B: 정말요? 그거 잘 됐네요.
> A: 근데 생각해보니까, 다나한테 한번 물어봐야겠어요. 다나가 나보다 타이핑 속도가 더 빠르거든요.
> B: 그래요. 좋을대로 하세요.

003

in other words

In other words, you don't believe what I said
그러니깐, 내 말을 안 믿는다 이거지.

「즉」, 「다시 말해」, 「요컨대」의 의미. 자신의 얘기를 상대가 보다 잘 이해할 수 있도록 부연설명에 들어갈 경우에 쓰인다. 또, 상대가 얘기를 빙빙 돌려서 하거나 이 얘기 저 얘기 사설이 길 때 「다시 말하면 …란 얘기군요」, 「요컨대 …라는거지?」하며 일목요연하게 최종정리할 때나, 상대가 한 말을 내가 제대로 이해했는지 확인하고자 할 때 「그러니까 결국 이런 얘기죠?」하며 되짚어 보는 표현도 될 수 있다.

A: I am really upset with you. You never help out around the house.
B: I do lots of stuff.
A: You don't do anything!
B: **In other words,** you think I am a total bum.

> A: 당신한테 정말 화가 나. 집안 일은 절대 안 도와주잖아.
> B: 나도 잡다한 일을 많이 한다구.
> A: 하는게 하나도 없잖아 뭘!
> B: 그러니까, 당신은 날 완전히 쓸모없는 놈으로 생각하는구나.

004

in addition (to)

In addition to being handsome, he has good manners
그 남자는 잘 생긴데다가 매너까지 좋아

in addition은 「게다가」(besides), in addition to+N[-ing]은 「…에 더하여」란 뜻. 따라서 앞사람의 말에 대해 「게다가 …하기까지 해」하며 추가적인 내용을 덧붙여 줄 때는 In addition, S+V ~ 혹은 In addition to that, S+V ~라고 말하면 된다. 위 문장처럼 아예 한 문장 안에서 「A인데다가 B이기까지 하다」라는 식으로 말하고 싶다면 In addition to+N[-ing] ~, S+V ~라고 하면 된다.

A: I have so much work today!
B: Really, what's up?
A: **In addition to** that project, I have three meetings to attend.
B: I feel sorry for you.

A: 오늘은 할 일이 너무 많아!
B: 진짜? 무슨 일인데?
A: 그 프로젝트 일에다가 참석해야 하는 회의가 3건이나 있어.
B: 정말 안됐다.

005

first of all

First of all, we have to call a meeting
무엇보다도 먼저, 회의를 하자고 해야겠어요

first of all은 「무엇보다도 (먼저)」, 「가장 중요한 것은」이란 뜻. 열 일 제쳐두고 우선적으로 가장 먼저 해야 하는 중요한 일(first or most important thing)을 언급할 때 first of all로 말을 시작하면 된다. 또, 어떤 일의 여러 가지 원인을 일일이 나열할 때

first of all하면서 가장 핵심적이고 중요한 원인을 끄집어내면 된다.

A: What can we do to fix the problem, William?
B: Well, **first of all,** we have to call a meeting. Everyone should be together on this.
A: Good idea. How about Friday?
B: Yeah, that's usually the best day for meetings.

> A: 이 문제를 어떻게 해결해야 할까, 윌리엄?
> B: 음, 우선 회의를 소집하자. 이 문제에 대해서 사람들이 모두 함께 해야 해.
> A: 좋은 생각이야. 금요일 어때?
> B: 그래, 금요일이 회의하기엔 보통 제일 좋은 날이지.

006 actually

He looks old, but he's actually only 20 years old
그 사람 나이 들어 보이지만 실은 스무살밖에 안 됐어

「그 사람 나이 들어 보이지만 실제로는 겨우 스무 살이야」라는 위 문장처럼 「…인 것 같지만 실제로는 …야」하며 겉으로 보이는 것, 익히 알고 있는 것과 다른 사실을 말할 때 쓸 수 있는 표현이 actually이다. 또, 상대방의 잘못을 지적하거나 의견에 동의할 수 없을 때처럼 자칫 불쾌하게 들릴 수 있는 말을 해야 할 때 actually를 넣으면 어감을 다소 부드럽게 만들 수 있다.

A: Did you finish the project?
B: **Actually,** I'm still working on it.
A: Oh, I thought you were done.
B: Not yet, but I'll finish it soon.

> A: 그 프로젝트 다 끝냈어?
> B: 사실, 아직 작업중이야.
> A: 어, 난 네가 끝낸 줄 알았어.
> B: 아직이지만, 곧 끝낼거야.

007

Unfortunately, S + V ~

Unfortunately, I can't make it there
안타깝게도 거기에 못 가

Unfortunately, ~는 「…의 사실이 안타까운 일이다」, 즉 「안타깝게도 …한[했]다」는 의미로, 뒤따르는 문장 전체를 수식해 준다. It is[was] unfortunate that ~과 같은 의미로 구어적이고 일상적인 표현. 상대방의 부탁이나 물음에 대해 「안타깝게도 안 돼」, 「공교롭게도 아니야」하고 부정적인 답을 할 때는 간단히 Unfortunately not이라 하면 된다.

A: Will you be able to come to my party tonight?
B: **Unfortunately,** I have other plans.
A: That's too bad. You're really going to miss out!
B: I know, I'm sorry. Have fun!

A: 오늘밤 내가 여는 파티에 올 수 있니?
B: 안타깝게도 다른 계획이 있어.
A: 이런 안됐네. 너, 정말 재미있는 걸 놓치는거라구!
B: 알아, 미안해. 재밌게 놀아!

008

anyway

Anyway, we missed train!
아무튼 우린 기차를 놓친거라구!

anyway는 「어찌됐건 간에 …」하며 중간의 이런 저런 일들을 모두 접어두고 결론을 말할 때, 또는 대화도중 얘기가 잠깐 샛길로 빠졌을 때 「아무튼 …」, 「어쨌든 …」하며 다시 본론으로 돌아가자며 할 수 있는 말이다.

A: Let's stop wasting time.
B: I'm going as fast as I can.
A: **Anyway**, it's time for lunch.
B: Good, I can have a break from you.

A: 시간 낭비 좀 하지 말자.
B: 최대한 빨리 가고 있어.
A: 어쨌든, 점심시간이야.
B: 잘됐네, 네 잔소리 안 듣고 쉴 수 있겠네.

009

Not necessarily

Not necessarily, it depends on who shows up
꼭 그런 건 아냐, 누가 나타날지에 달렸어

necessary는 「필요한」, 「필수의」라는 뜻의 형용사로 발음·철자 문제에 곧잘 나오곤 했던 필수단어. 여기에 -ly가 붙어 부사가 되면 「반드시」, 「필연적으로」라는 의미가 된다. 여기에 또 앞에 Not이 붙어 Not necessarily하면 「반드시 그런 건 아니다」, 「꼭 그런 건 아니다」라는 부분부정의 대답. 원래는 It's not necessarily so 또는 That's not necessarily true 등과 같이 말하는데, 간단히 줄여 Not necessarily라고만 해도 된다.

A: We have no choice but to let him go.
B: **Not necessarily!** I think we can keep him employed for a few months longer.
A: Well, I have no idea how we're going to pay him.
B: Don't worry. I'll find a way.

A: 그 사람을 해고하는 수밖에 없어요.
B: 꼭 그렇진 않아요! 앞으로 몇 달은 더 그 사람을 고용해도 될 것 같아요.
A: 글쎄요, 그 사람 급여를 어떻게 줘야 할지 모르겠는데요.
B: 걱정 말아요. 내가 방법을 찾아볼게요.

010

finally

I **finally** got my driver's license
드디어 운전면허를 땄어

finally는 「드디어」, 「마침내」(at last; in the end)란 의미. Finally, I passed the exam!(드디어 시험에 합격했어), She finally accepted my hand in marriage!(그녀가 마침내 내 청혼을 받아들였어!)처럼 말할 수 있다. 또, 어떤 일의 순서상 「끝으로」어쩌구 저쩌구 한다(했다)라고 말할 때에도 finally를 쓰는데, 이때는 보통 And finally, ~의 형태로 말문을 연다.

A: The result of my test is **finally** in.
B: Really? How'd you do?
A: Okay, but I was hoping for a higher score.
B: As long as you did your best, that's all that matters.

> A: 시험 결과가 드디어 나왔어.
> B: 정말? 어떻게 나왔니?
> A: 잘 나오긴 했어. 하지만, 난 좀더 높은 점수를 바라고 있었어.
> B: 네가 최선을 다했다면, 그걸로 족해.

011

as a matter of fact

As a matter of fact, I hate you!
실은 네가 싫어!

「사실상」, 「실제로는」이란 의미로, in fact, actually와도 바꾸어 쓸 수 있다. 주된 쓰임은, I don't like you. As a matter of fact, I hate you처럼 앞에 한 말을 강조하거나 부연설명할 때 쓸 수 있고, 상대방의 말에 동의할 수 없을 때나 상대가 오해한 부분이 있을 때 「실제로는 이런거예요」(As a matter of fact ~)하며 반박하거나 해명할 때도 쓸 수 있다.

A: Why were you late to work this morning?
B: **As a matter of fact,** I wasn't late. I was just in a meeting and you didn't see me until after it was over.
A: Oh. I was wondering where you were.
B: Yeah, I was here.

> A: 오늘 아침에 왜 지각했어요?
> B: 실은 늦지 않았어요. 회의에 참석했기 때문에 끝나서야 나를 봐서 그런거예요.
> A: 어, 난 어디 있나 했었어요.
> B: 네, 이렇게 회사에 있었답니다.

012

as soon as possible

I'll make it up to you as soon as possible
가능한 한 빨리 보상해 드릴게요

'빨리! 빨리!'가 입에 붙은 우리네 한국사람들이 특히 좋아하는 말 as soon as possible!은 「가능한 한 빨리」라는 의미. as soon as S+can으로 바꾸어 써도 되지만 시간을 재촉하는 표현인지라 두 단어(S+can)보다는 한 단어(possible)를 더 선호하는 것 같다. 여기서 더 나아가 as soon as possible은 약자로 ASAP라 해도 되는데, 발음은 /에이에스에이피/ 혹은 /에이셉/이라고 하면 된다.

A: I'm hoping to get a better job **as soon as possible**.
B: Why? Don't you like this one?
A: Well, it's okay, but I need a higher salary. I'm just here for the experience.
B: Maybe you should ask for a pay raise.

> A: 될 수 있는 대로 빨리 더 좋은 직장을 얻고 싶어.
> B: 왜? 이 일이 마음에 들지 않니?
> A: 그런 건 아니지만 좀 더 월급을 많이 받고 싶어. 여긴 경력을 쌓느라고 있을 뿐이야.
> B: 월급을 올려 달라고 말하지 그래.

013

as of + 날짜

As of today, we're married!
오늘자로 우린 부부가 되었어!

as of~는 뒤에 날짜를 동반해 「…를 기해」, 「…부터」(starting from)란 의미가 된다. 드디어 결혼에 골인한 신랑 또는 신부가 As of today, we're married!(오늘부로 우린 부부야!)할 수 있고, 상점의 점원이 The product price has increased as of June 1st(6월 1일부로 제품의 가격이 인상되었습니다)라고 할 수 있다. 또, as of now하면 「현재로선」이란 뜻임을 기억해두자.

A: So have you made any plans for next summer yet?
B: **As of now,** I think I'll be going on a trip to Europe with my family.
A: Wow, that's great!
B: Yeah, but it all depends on how much time I can get off from work.

    A: 이번 여름 휴가 계획을 세웠니?
    B: 현재로선, 가족과 함께 유럽 여행을 갈 생각이야.
    A: 와, 멋지다!
    B: 그래, 하지만 그건 내가 얼마나 휴가를 얻어낼 수 있느냐에 달렸어.

014

as far as I know

As far as I know she doesn't like him
내가 아는 한 그 여자는 걔를 좋아하지 않아

far는 장소나 거리가 「멀리에」라는 뜻이므로 as far as의 일차적 의미는 뒤에 장소를 동반해 「…까지」이다. 여기서 나아가 추상적으로 쓰이면 「…하는 한에서는」이라는 뜻이 된다. 따라서 as far as I know는 「내가 아는 한에서는」이란 말로, 어떤 일에 대해 '이건 이거고 저건 저거야!'하며 자신있게 혹은 단정적으로 말하기 어려울 때 조심스럽게 운을 떼는 표현으로 쓰인다.

A: Where is Bill? **As far as I know,** he's supposed to be here now.
B: He just called. He got in a car accident on the way to work.
A: Oh, my God! Is he okay?
B: He's fine, but he totaled his car.

> A: 빌 어디 있어요? 내가 알기론, 지금쯤이면 여기 있어야 하는데.
> B: 방금 전화왔는데요. 출근길에 교통사고를 당했대요.
> A: 맙소사! 그 사람, 괜찮대요?
> B: 빌은 괜찮은데, 차가 완전히 박살났대요.

015 as usual

He came late as usual
여느 때와 다름없이 걘 늦게 왔어

'습관이란 무서운 것'이라 할 만큼 한번 들인 습관을 고치기란 쉽지 않다(Old habits die hard). 날이면 날마다 100% 지각률을 자랑하는 지각대장을 가리키며 He came late as usual(걘 평소와 다름없이 늦게 왔어)이라 할 수 있다. 이처럼 as usual은 「여느 때와 같이」, 「평소처럼」이란 의미로 뭔가 습관적으로 혹은 반복적으로 일어나는 일을 말할 때 쓸 수 있다.

A: Where's Suzie?
B: She's on the phone, **as usual.**
A: Well, would you tell her it's time for dinner?
B: Okay.

> A: 수지 어디 있니?
> B: 여느 때처럼 전화통 붙들고 있는데요.
> A: 그럼, 저녁 먹을 때 됐다고 얘기 좀 해줄래?
> B: 네.

016

sometimes

I usually walk to work, but sometimes I take a bus
보통 걸어서 출근하지만, 이따금 버스를 탈 때도 있어요

sometimes는 「가끔」, 「때때로」(on some occasions but not all)를 의미한다. 이외에도 빈번하게 쓰이는 빈도부사들을 빈도의 정도에 따라 열거해보면, always(늘, 항상), usually(보통, 대개), often/frequently(종종, 자주), occasionally/sometimes(가끔, 때때로), rarely/hardly ever/seldom(드물게), never(절대, 결코)가 있다.

A: **Sometimes** I just can't understand men.
B: Did you have another fight with your boyfriend?
A: Yes. He wants me to cut my hair but I like it long.
B: Well, I think you should keep your hair long if you like it that way.

A: 어떤 땐 남자들을 이해할 수가 없어.
B: 남자 친구와 또 싸웠니?
A: 응, 걔는 내가 머리를 잘랐으면 하는데, 나는 긴 머리가 좋거든.
B: 글쎄, 내 생각엔 네가 긴 머리를 좋다면 그냥 그대로 둬.

017

every few days

I call my mother every few days
며칠마다 어머니께 전화드려요

every는 수사 혹은 other, few 등과 함께 와 「매 …마다」란 의미. every day(매일), every week(매주), every year(매년)가 대표적인 경우로, 이처럼 every가 나올 땐 in이나 on같은 전치사는 따로 필요없다. every other[second] day(하루 걸러, 이틀마다), every three years(3년마다), every few days(며칠마다), every few years(몇년마다)도 많이 써먹을 수 있는 표현.

A: How often do you talk to your mother?
B: Well, since her hospitalization, I call her **every few days** just to see how she's doing.
A: Is her health improving?
B: Yes. We're quite lucky.

> A: 어머니랑은 얼마나 자주 통화해요?
> B: 글쎄, 입원하신 이후론 어떻게 하고 계시나 해서 며칠마다 전화드려요.
> A: 어머니 건강은 좋아지고 있어요?
> B: 네. 우린 꽤 운이 좋은거죠.

018

on Sundays

On Sundays, I usually just relax and watch TV
일요일에는 보통 느긋하게 쉬면서 TV를 봐

이번엔 요일을 말하는 방법. 「…요일에」는 on Sunday처럼 전치사 on+요일을 말해주면 된다. 그런데 위 예문을 보니 Sunday 뒤에 -s가 붙어 있다. 이는 바로 on Sunday와 on Sundays의 차이점을 알아야 하는데, 전자는 「일요일」이라는 특정 시점을 말하는 것이고, 복수형태의 후자는 「매일요일마다」라는 주기적인 반복성을 의미하는 것.

A: What do you usually do on the weekend?
B: Well, Saturday I try to spend time with the kids. **On Sundays,** I usually just relax and watch TV.
A: That sounds nice. It's important to relax before the work week.
B: I agree completely.

> A: 주말에 보통 뭐해?
> B: 음, 토요일엔 아이들과 함께 시간을 보내려고 애써. 일요일이면 보통 느긋하게 쉬면서 TV를 보구.
> A: 괜찮네. 평일이 되서 출근하기 전에 푹 쉬는 건 중요하지.
> B: 전적으로 동감이야.

019

for the time being

> **For the time being,** I don't have a spare moment
> 지금으로선 여유시간이 없어

이번엔 시간을 어디서부터 어디까지로 한정시키는, 즉 「기간」을 말하는 부사. for the time being은 for a limited period at present, 즉 「당분간」, 「현재로서는」의 의미로, 시간이 지나면 달라질 수도 있음을 말하는 표현이다. 따라서 For the time being, I'm in no mood to go there라고 하면 나중에 가서 마음이 어떻게 바뀌든 「지금으로선 거기에 가고 싶지 않다」는 얘기.

A: Pardon me, Bill, but I was wondering if you had any extra time you'd like to give to this project.
B: **For the time being,** I don't have a spare moment. But I'll let you know if I find any time.
A: Thanks. We could really use your help on this.
B: I'll see what I can do.

> A: 미안한데요, 빌, 이 프로젝트에 시간을 좀 내줄 수 있는지 궁금해서요.
> B: 지금으로선 여유가 없네요. 하지만 시간이 생기면 말씀드릴게요.
> A: 고마워요. 여기에 당신의 도움이 정말 필요하거든요.
> B: 할 수 있을지 한번 볼게요.

020

in the meantime

> **In the meantime,** let's go some food
> 그 사이에 뭘 좀 먹자

in the meantime은 「그 동안」, 「그 사이에」로, 어떤 일이 있고 난 후 다음 일이 일어나기까지(in the time between two events)를 말한다. 앞의 in the를 뺀 채

meantime이라고도 하고 meanwhile이라 해도 같은 의미. 예를 들어, 「그 사람 늦는데. 그동안 뭘 좀 먹자」라고 하려면 He'll be late. In the meantime, let's get some food라 하면 된다.

A: Who called?
B: That was Linda. She's going to be an hour late.
A: Well, in the meantime, let's go get some food. I'm starved.
B: Good idea. I know a good restaurant around the corner.

  A: 누가 전화했어?
  B: 린다였어. 1시간 늦을거래.
  A: 그럼, 그 사이에 뭐 좀 먹자. 배고파 죽겠어.
  B: 좋아. 이 근처에 괜찮은 식당을 알고 있어.

021 ahead of time

I finished the work ahead of time
예정보다 빨리 일을 끝냈어요

ahead는 「…앞에」라는 의미로 눈에는 친숙하지만 일상회화에서는 왠지 좀처럼 입밖에 내려고 하지 않는 단어. 하지만 편식은 건강을 망치는 지름길이듯 영어의 편식도 균형잡힌 영어학습을 방해하는 잘못된 습관. ahead of는 「…보다 앞서」이므로, 뒤에 time이 오면 「시간 전에」, 즉 「예정보다 빨리」, 「의외로 빨리」란 의미.

A: Ms. Jones?
B: Yes, please come in.
A: I just wanted to let you know that I finished the work ahead of time. Here it is.
B: Oh wonderful, Dana. Good work!

  A: 존스 씨?
  B: 네, 들어오세요.
  A: 예정보다 빨리 이 일을 끝마쳤다는 말씀을 드리려구요. 여기 있습니다.
  B: 아, 훌륭해요, 데이나. 잘했어요!

022

first thing in the morning

I'll drop by you first thing in the morning
내일 아침 일찍 당신한테 먼저 들를게요

first thing in the morning은 「아침에 맨 먼저」(at the earliest time in the morning)란 뜻. 다른 일 전부 제쳐두고 아침에 일어나자 마자 「맨 먼저」 어떤 일을 하겠다고 혹은 했다고 할 때 유용하게 쓸 수 있는 표현. in the morning을 빼고 그냥 first thing이라고만 해도 같은 의미이다.

A: **Please have this report on my desk first thing in the morning.**
B: **Yes, sir. I'll do my best.**
A: **And be sure that it's written up in the proper format.**
B: **Of course, sir.**

> A: 내일 아침 제일 먼저 내 책상 위에 이 보고서를 올려놔요.
> B: 네. 최선을 다하겠습니다.
> A: 그리고 반드시 포맷에 맞게 작성하도록 하세요.
> B: 물론이죠.

023

no later than

You should be home no later than 10 p.m.
늦어도 10시 전까지는 집에 와야 해

no later than을 직역하면 「…보다 더 늦지 않게」이므로 결국 「늦어도 …까지」란 의미가 된다. 저녁 무렵에 데이트하러 나간다는 딸을 붙들고 Remember to be home no later than 10 p.m.(늦어도 10시 전까지 집에 와야 한다는 걸 명심해)하는 아버지의 외침 속에서, You should hand in your report no later than this week(늦어도 이번 주까지는 보고서를 제출하세요)하는 교수님의 말씀 속에서도 no later than을 쉽게 찾을 수 있다.

A: I need that report no later than Tuesday.
B: Tuesday? I think we'll need more time.
A: I'm sorry, but I don't have more time. Tuesday has to be the deadline.
B: Alright, I'll see what I can do. But I can't make any promises.

> A: 늦어도 화요일까지는 그 보고서를 제출해 주세요.
> B: 화요일이요? 시간이 더 필요할 것 같은데요.
> A: 미안하지만, 시간을 더 줄 수가 없네요. 화요일까지는 마감이 되어야 합니다.
> B: 좋아요, 하는데까지 해보죠. 하지만 약속은 못하겠네요.

024 to date

This is his best performance to date
이것은 지금까지 그의 최고의 공연이다

「현재까지」, 「지금까지」(up to the present time; until now)라는 의미의 informal한 표현. 또, date이 나온 김에 out-of-date(구식의, 시대에 뒤떨어진)과 up-to-date(최신의)도 사용빈도가 높은 표현들이니 함께 알아두자.

A: Ms. Jennings, how many stores do we currently supply?
B: To date, we are supplying 30 stores around the region.
A: Really? I thought we had more.
B: We did, but a few of them had to close.

> A: 제닝스 씨, 우리가 현재 물품을 대주고 있는 상점이 몇 군데나 되죠?
> B: 지금까지 이 지역 30군데 상점에 물건을 공급하고 있어요.
> A: 정말이에요? 더 많았던 걸로 알고 있었는데요.
> B: 그랬었는데요 상점들 중 몇 군데가 문을 닫았어요.

025

on time

He is always on time to the minute
그 사람은 언제나 시간을 칼같이 지킨다

on time은 「예정시간대로」, 「제 시간에」(at exactly the right time)란 의미로, 여기서 time은 「어떤 일을 하도록 예정된 시각」(the point at which something is expected or arranged to happen)을 의미한다. 따라서 언제나 약속시간을 칼처럼 지키는 사람에겐 He is always on time to the minute이라 할 수 있다. 한편 in time은 특정한 시각을 말하는 것이 아니라 「적당한 때에」(early or soon enough), 혹은 「시간이 지나면」(after a certain amount of time has passed)이란 뜻.

A: I need you to try to come to work on time in the mornings.
B: Sorry, Veronica. I keep getting stuck in traffic.
A: Well, you may have to leave your house earlier.
B: I'll do my best.

   A: 아침마다 정시에 출근하도록 좀 해보세요.
   B: 미안해요, 베로니카. 자꾸만 차가 막혀서요.
   A: 그럼, 좀더 일찍 집을 나서야겠네요.
   B: 노력하겠습니다.

in fact 사실

- **In fact,** I think you should come to our place this summer for a vacation.
  실은, 너 이번 여름휴가 때 우리 집에 와야 할 것 같아.

for example 예를 들면, 예컨대

- We have a lot in common, **for example** we both traveled through South America.
  우린 공통점이 많아요. 예를 들면 우린 둘 다 남미 전역을 여행했잖아요.

at least 최소한

- **At least** a third of our workforce got laid off due to the salary cutbacks.
  임금삭감으로 인해 직원의 최소 3분의 1이 일을 그만뒀어요.

in the first place 애당초

- I don't think he'd get involved in that kind of thing **in the first place**.
  그 사람은 애시당초 그런 종류의 일에 개입되지 않았을거예요.

for sure 확실히, 틀림없이

- I'll go to the store on Thursday **for sure**.
  목요일에는 무슨 일이 있어도 그 가게에 갈거야.

on such a short notice 갑작스런 통지로, 불시에

- **We apologize for asking you to come in on such a short notice.**
  이렇게 갑작스럽게 와달라고 해서 죄송합니다.

for some reason 무슨 까닭인지는 모르겠지만

- **For some reason, ever since we've lived here, the weather has been just terrible.**
  왠진 모르겠지만, 우리가 여기서 산 이후로 계속해서 날씨가 정말 나빴어.

at last 결국에는, 마침내

- **He has worked very hard and got promoted at last.**
  그 사람 그렇게 열심히 일하더니 결국 승진했구만.

to say the least 줄잡아 말해도

- **I am far from a professional athlete, to say the least.**
  줄잡아 말해도, 난 프로선수 쪽과는 거리가 멀다.

last but not least 끝으로 중요한 말이 있는데

- **Last but not least, I'd like to thank my wife for her support.**
  끝으로 옆에서 힘이 되어준 아내에게 고맙다는 말을 꼭 전하고 싶습니다.

when it comes to + N ⋯에 관해서라면

- **When it comes to** computers, Tyler knows more than anyone else in this department.
  컴퓨터에 관해서라면 타일러가 이 부서에 있는 그 누구보다도 잘 알아요.

let alone ⋯은 고사하고, ⋯은 말할 것도 없고

- I didn't expect a wage raise, **let alone** a promotion.
  승진은 고사하고 임금 인상도 기대못했어요.

in that case 그럴 경우에는, 그렇다면

- **In that case,** I'll ask them for a better price than what they gave me.
  그렇다면 그 사람들이 제시한 것보다 더 좋은 가격을 요구해야겠는데.

(just) in case S + V 만일에 대비해, ⋯할지도 모르니

- You should bring your laptop with you **in case** you have some time to do some work.
  일할 시간이 좀 날지도 모르니 노트북을 가져 오세요.

immediately 곧, 바로

- I need five copies of this report **immediately**, please.
  지금 당장 이 보고서를 다섯 부 준비해주세요.

relatively 비교적

- It's **relatively** unclear what our next move should be in this lawsuit.
  이 소송에서 다음으로 우리가 어떻게 대응해야 할지는 그다지 확실치가 않습니다.

suddenly 갑자기, 느닷없이

- **Suddenly,** a car came around the corner and almost hit me as I was crossing the street.
  길을 건너고 있을 때 갑자기 차 한 대가 모퉁이를 돌아나와서 거의 날 칠 뻔 했어.

probably 아마도, 대개는

- It'll **probably** take you about a week to get over your jet-lag.
  비행기 여행의 피로를 풀려면 대개 일주일 정도는 걸릴거야.

pretty 꽤, 자주

- He seemed **pretty** confident that we'll win the deal.
  그 남자 우리가 그 거래를 따낼거라고 꽤나 자신있어 하는 것 같던대.

apparently 듣자하니 …였대더라, 분명 …일거야

- **Apparently,** he came by to inform us of his resignation.
  듣자하니 그 사람, 우리한테 직장을 그만둔다고 말하러 왔었대요.

indeed 과연, 정말

- **Indeed,** I would like to come to Scotland for my winter holiday, but I don't have enough money.
  정말로 난 겨울휴가 때 스코틀랜드에 가고 싶어. 하지만 돈이 충분치 않아.

naturally 당연히

- **Naturally,** we'd love for you to bring your husband to our office party.
  당연히 우린 당신이 사무실 파티에 남편과 함께 오길 바라죠.

next (그) 다음에

- **Next,** we took a look around the office to see if anyone had left their computers on.
  다음으로, 사무실에 컴퓨터를 켜놓고 간 사람이 없는지 죽 둘러봤습니다.

instead 그 대신, 오히려

- I don't like to have spaghetti, let's try pizza **instead**.
  난 스파게티 먹기 싫은데. 우리 그 대신 피자 먹자.

as yet 아직까지는, 지금껏

- We're still not sure what to do with our new contract **as yet**.
  아직까지도 여전히 새 계약건을 어떻게 처리해야 할지 잘 모르겠어요.

as far as I'm concerned 나에 관한 한

- **As far as I'm concerned,** we should hire a few more people to work on the fund raising committee.
  내 생각에 관한 한, 우린 기금조성 위원회에서 일할 사람을 좀 더 채용해야 해요.

as for + N …에 관해서라면, …로 말한다면

- **As for** John, I don't know where he's going to be this time next year.
  존 얘기라면, 내년 이맘 때쯤 존이 어디에 있을 건지 난 모르겠어.

for a while 잠시, 얼마동안

- Why don't you rest **for a while** and let me finish those dishes?
  그 요리들은 내가 마무리할테니까 좀 쉬는게 어때?

every now and then 때때로, 가끔

- **Every now and then** I get the urge to eat chocolate ice cream.
  이따금씩 초콜릿 아이스크림을 먹고 싶어 죽겠단 말야.

all the time 내내, 줄곧

- I'm thinking about my daughter **all the time** lately, hoping she's doing well overseas.
  최근 들어 줄곧 딸 생각이 나. 해외에서 잘 지내고 있어야 할텐데.

▌for the rest of the day 남은 하루 동안

- **It's snowing, so we'll stay indoors for the rest of the day.**
  눈이 와서 오늘 남은 하루 동안은 집 안에 있을거야.

▌for the past couple of days 지난 이틀 동안

- **We've had steady rain for the past couple of days.**
  지난 이틀 동안 계속해서 비가 내리고 있어.

▌ever since 그후로 죽

- **Ever since I can remember, I've always loved going to the movies.**
  그 후로 내가 기억할 수 있는 건 늘상 극장에 가는 걸 아주 좋아했다는거야.

▌for a long time 오랫동안

- **We waited for a long time, but she never came.**
  우리는 오랫동안 기다렸지만 그녀는 오지 않았어.

▌all day long 하루종일

- **I've been feeling a little under the weather all day long.**
  하루종일 기분이 좀 안 좋았어.

in advance 미리, 사전에

- **Thank you in advance for your time and consideration.**
  시간을 내주시고 배려해 주심에 대해 미리 감사드립니다.

this afternoon 오늘 오후에

- **I need to leave work early this afternoon because I have a dentist's appointment.**
  치과에 예약해 둬서 오늘 오후에 일찍 퇴근해야 해요.

in five minutes 5분 후에

- **We expect the news conference to begin in about five minutes.**
  약 5분 후에 기자회견이 시작될 것으로 보입니다.

later this afternoon 오늘 오후 늦게

- **I expect to be home later this afternoon, though I don't know exactly what time.**
  오늘 오후 늦게 집에 도착할 것 같긴 한데, 정확히 몇 시가 될지는 잘 모르겠어.

- **Sometimes, late at night, I feel so afraid and alone that I can't sleep.**
  이따금씩, 밤 늦게 너무 무서운데다 혼자 있는 것 같고 그래서 잠을 잘 수가 없어요.

for now 현재로서는, 당분간

- **Why don't you just sit over there for now until the doctor is ready to see you?**
  의사 선생님이 진찰할 준비가 될 때까지 잠시만 거기 앉아계시겠어요?

at first 처음에

- **At first** I enjoyed the monsoon season but it lasted too long.
  처음에는 장마철이 좋았지만, 지나치게 오래가더라구.

in the middle of 한창 …하는 도중에

- I'd appreciate it if you didn't interrupt me **in the middle of** my sentence.
  내 의견을 말하고 있는 중에 끼어들지 말아주시면 감사하겠습니다.

before long 오래지 않아

- **Before long,** you'll start to love working here.
  오래지 않아 여기서 일하는게 좋아지기 시작할거야.

from now on 지금부터

- **From now on,** I expect you to be more punctual.
  지금부터는 당신이 좀 더 시간을 잘 지키리라 기대하겠어요.

at any time 언제든지, 어느 때고

- It could start snowing **at any time,** according to the weather forecast.
  일기예보에 따르면 어느 때고 눈이 오기 시작할거라고 해.

these days 요즈음

- As I told you before, I have no idea what Rick is up to

033

these days.
전에도 말했지만 요새 릭이 무슨 일을 꾸미고 있는지 모르겠단 말야.

sooner or later 조만간

- I suppose we'll get this done sooner or later, and then we can go home.
  조만간 이 일을 끝내고 집에 갈 수 있을거라 생각해.

nowadays 오늘날에는

- Nowadays, many women prefer to start their careers before having children.
  오늘날, 여성들은 아이를 낳기 전에 전문경력을 쌓고 싶어하는 사람이 많아.

SECTION 2

Magic Talk! English - 응용

응용공식 001-103

I would like to + V
난 …하고 싶어요

 만년초보 탈출하기

자신이 원하는 바를 공손하게 표현하는 구문. 직접적으로 I want to~라고 하는 것보다는 어감상 좀 더 조심스럽고 예의바른 느낌을 준다. 바램을 보다 강하게 나타내려면 like 대신에 love를 써서 I'd love to~라 하면 된다. 단, 두 가지 사항에 주의하자! 먼저 would를 빼고 I like to~라 하면 이때는 '지금,' '이곳에서' 내가 뭘 원하는 것이 아니라 시공간을 초월해 내가 좋아하는 「기호」를 언급하는 표현이 된다는 것과 또 하나는 I would like you to help me에서처럼 like와 to+V 사이에 사람을 나타내는 (대)명사가 끼어들면 「…가 ~해줬으면 좋겠다」라는, 누군가에게 뭐가 부탁하는 의미로 돌변한다는 점이다.

큰 소리로 영어문장 말해보기

1. 그 영화를 보고싶어.
   I would like to watch the movie.

2. 난 하와이에 가고 싶다.
   I would like to go to Hawaii.

3. 피자를 좀 먹고 싶어.
   I would like to have some pizza.

잊어버리기전에 한번 써보기

1. 난 이번 여름에 파리에 가서 에펠탑을 좀 보고 싶어요.
   `Hint` ...에 가다: go to + 장소

   ▶ _____

2. 그 대학에서 어떤 것을 가르치는지 알고 싶어요.
   `Hint` 알아보다: find out

   ▶ _____

   1. **I would like to** go to Paris to see the Eiffel Tower this summer.
   2. **I would like to** find out about the programs they offer at the university.

내 입에서 영어가 나올 줄이야!

A: 연극 표를 사고 싶은데요.

B: I'm sorry, but they are all sold out for tonight.

A: Okay, I guess I will take a ticket for tomorrow night then.

A: **I would like to** buy a ticket for the play.

B: 죄송하지만 오늘 밤 입장권은 다 팔렸습니다.

A: 좋아요, 그럼 내일 밤 표를 사야겠네요.

I'm planning to~
…할 계획[생각]이야

 만년초보 탈출하기

plan to는 「…할 계획이다」, 「…하려고 작정하다」라는 뜻으로 앞으로 하려고 생각 중인 크고 작은 계획들을 말할 때 쓰는 표현이다. to+V 대신에 「on+(동)명사」가 와도 의미는 마찬가지. 예를 들어 「오늘 오후에 일을 좀 할 계획이야」라는 말은 I'm planning to do some work this afternoon 또는 I'm planning on doing~이라고 하면 된다. 잘 알고 있는 표현 I'm going to와 대동소이하다는 것을 기억하고, 의문형 Are you planning to~?까지 이번 기회에 함께 외우도록 하자.

 큰 소리로 영어문장 말해보기

1. 나 그만둘거야.
   I'm planning to quit.

2. 난 그 사람을 만날 예정이야.
   I'm planning to meet him.

3. 나는 해외로 떠날 예정이야.
   I'm planning to go abroad.

잊어버리기전에 한번 써보기

1. 금요일 저녁에 영화를 보러 갈 계획이다.
   `Hint` 영화를 보러 가다: go to the movies

   ▶ ....

2. 게임 방법을 나한테 가르쳐줄 생각인가요?
   `Hint` ...에게 ~하는 방법을 가르쳐주다: show sb how to + V

   ▶ ....

   1. **I'm planning to** go to the movies on Friday night.

   2. **Are you planning to** show me how to play the game?

내 입에서 영어가 나올 줄이야!

A: What did the forcast say the weather was going to be like today?

B: The news said that we can expect heavy snowfall.

A: 그건 괜찮아요. 다음 주말에 스키 타러 갈 계획이거든요.

A: 일기예보에 의하면 날씨가 오늘 어떨거래요?

B: 뉴스에서 폭설이 내릴거래요.

A: That's okay. **I'm planning to** go skiing next weekend.

응용공식 003

I've heard that~
…라고 들었어

 만년초보 탈출하기

「나는 that 이하의 사실을 들었다」라는 고지식한 직역에서 벗어나 이젠 성인답게 「내가 듣기로는 …라던데」 혹은 「…라고 하던데」라고 세련되게 옮겨보도록 한다. 이미 들어서 알고 있는 사실이지만 어디서 누군가에게 들었다는 사실을 굳이 언급할 필요가 없거나 기억이 나지 않을 때 쓰는 표현. 주로 대화의 서두를 풀어나가는 표현으로 활용된다. 참고로 소식원을 밝힐 때는 I've heard 다음에 from sb를 추가하면 되고, 정보출처가 TV나 인터넷일 경우엔 from sb 대신 on TV, on the Internet이라고 하면 된다.

큰 소리로 영어문장 말해보기

1. 입학시험에 떨어졌다며.
   I've heard that you failed the entrance exam.

2. 한국은 생활비가 대단히 비싸다고 들었는데.
   I've heard that Korea has an extremely high cost of living.

3. 너 결혼할거라고 그러던데.
   I have heard you were going to get married.

📖 잊어버리기전에 한번 써보기

1. 다음 달에 2주 동안 휴가를 준다고 들었어요.
   `Hint` 휴가: vacation

    ....

2. 나는 그 사람들이 내년에 후속편을 선보일거라고 들었다.
   `Hint` 후속편: sequel

    ....

1. **I heard that** we are getting two weeks of vacation next month.
2. **I've heard that** they will be coming out with a sequel next year.

내 입에서 영어가 나올 줄이야!

A: Where do you live now?

B: I live and work in Korea.

A: 와, 한국은 생활비가 아주 비싸다고 들었는데.

A: 지금 어디에 사니?

B: 한국에서 살아. 직장도 거기 있고.

A: Wow. **I've heard that** Korea has a very high cost of living.

응용공식 004

I need you to+V
네가 …해줬으면 해

만년초보 탈출하기

세상에 넘쳐나는 사랑을 주제로 한 팝송에 뻔질나게 등장하는 구절인 I need you. 하지만 그뒤에 to+V를 덧붙이면 달콤한 사랑의 속삭임에서 「…해주었으면 좋겠다」라는 상대방을 향한 바람 내지는 「꼭 좀 …해달라」는 강한 요청의 의미로 돌변한다. Would you~?(…해주시겠어요?)같은 단순한 '부탁'의 표현이라기 보다는 반드시 해야 한다는 당위성이 포함된 완곡한 '명령'의 뉘앙스임에 유의하자.

큰 소리로 영어문장 말해보기

1. 오기 전에 전화해.
   I need you to call before coming.

2. 나한테 그 얘기 좀 해줘.
   I need you to tell me about it.

3. 나를 좀 도와줬으면 해.
   I need you to give me a hand.

📖 잊어버리기전에 한번 써보기

1. 이 의사록을 복사해서 나눠주도록 하게.
   `Hint` 의사록: minutes

    _____

2. 네가 옆에 있는 사무실에 들러서 편지봉투를 몇장 가져왔으면 좋겠다.
   `Hint` …에 들르다: run over to + 장소

    _____

1. **I need you to** copy the minutes and distribute them.
2. **I'll need you to** run over to the office next door and get some envelopes.

내 입에서 영어가 나올 줄이야!

A: We have a meeting with the client tomorrow.
B: 프레젠테이션 슬라이드 준비해줘요.
A: Sure. I'll get right on it.

A: 내일 고객과 미팅이 있어요.
B: **I need you to** prepare the presentation slides.
A: 네. 바로 시작할게요.

응용공식 005

I will take care of~
…은 내가 처리할게

 만년초보 탈출하기

take care of는 「…을 돌보다」(look after)란 뜻 이외에 상황에 따라 아주 다양한 의미로 사용되는 회화용 빈출숙어. 여기서는 「…(어려운 일이나 문제 따위)를 처리[해결]하다」(deal with)라는 뜻으로, 현재 처한 난감한 상황이나 어려운 문제를 책임지고 해결한다는 의미이다. take care of의 경우를 통해서 알 수 있듯이 영어는 새롭고 어려운 단어나 숙어를 알아야 잘 하는 것이 아니라 이미 알고 있는 표현이 실제적으로 쓰이는 다양한 의미를 숙지하고 죽도록 활용 연습을 해야 한다는 점을 다시한번 맘에 새겨두도록 한다.

큰 소리로 영어문장 말해보기

1. 그 문제는 내가 처리할게.
   I will take care of it.

2. 내가 아기를 돌볼게.
   I will take care of the baby.

3. 이견 조정은 내가 할게.
   I'll take care of this issue.

📖 잊어버리기전에 한번 써보기

1. 내가 책임지고 밤에 문을 닫을게요.
   Hint 문을 닫다: close up

   ▶ _____

2. 네가 웨이터에게 팁을 남겨놓는다면 점심값은 내가 낼게.
   Hint …에게 팁을 남겨놓다: leave a tip for

   ▶ _____

    1. **I will take care of** clos**ing** up for the night.
    2. **I will take care of** the lunch bill if you leave a tip for the waiter.

내 입에서 영어가 나올 줄이야!

A: 내가 당신 문제들을 처리해줄게요.

B: That would be great, as I'm a bit lost right now.

A: I will call you when everything is in order.

A: Let me take care of your things for you.

B: 당장 어떻게 해야 할지 몰랐는데 너무 다행입니다.

A: 모든게 제자리로 돌아오면 전화드리죠.

응용공식 006

I'm talking about~

…을 말하고 있는거라구

만년초보 탈출하기

I'm talking about~은 상대방이 대화 중에 한눈을 팔거나, 의사소통이 제대로 안될 때 혹은 문맥에 따라 자신의 말을 강조하여 부연 설명할 때 사용하는 표현. 우리말로는 「지금 난 …라는 얘기를 하고 있는거야」에 해당된다. 현재 대화의 내용, 주제가 무엇인지 거듭 밝혀 주의를 환기시키는 용도이다. 쌩기초 동사구 talk about을 누가 모르냐라고 반문하기에 앞서 과연 I'm talking about~이라는 표현을 실제 회화에서 자신이 사용해본 적이 있는지, 사용할 수 있는지 생각해볼 것!

 큰 소리로 영어문장 말해보기

1. 네 행동에 대해 말하고 있는거야.
   I'm talking about your behavior.

2. 결혼하는 것에 관해 말하고 있는거야.
   I'm talking about getting married.

3. 휴가가는 것에 대해 말하고 있는거야.
   I'm talking about taking a vacation.

📖 잊어버리기전에 한번 써보기

1. 이제는 진짜로 돈을 좀 벌어보자는 얘기를 하고 있는거야.
　Hint 돈을 벌다: make money

　▶ ....

2. 어제 얘기했던 계획 말하는거야.
　Hint 토의하다: discuss

　▶ ....

　1. I'm talking about making some real money.

　2. I'm talking about the plan we discussed yesterday.

내 입에서 영어가 나올 줄이야!

A: I don't understand what you are trying to say to me.

B: 우리 생산방식을 개선시키자는 말을 하고 있는 겁니다.

A: Well, let's talk to the manager so we can work this out.

A: 도대체 나에게 무슨 말을 하려는 건지 알 수가 없군요.

B: I'm talking about improving our production.

A: 그럼 부장님께 말씀드려서 이 문제를 해결합시다.

047

응용공식 007

I've decided to~
…하기로 결정했어

 만년초보 탈출하기

고심 끝에 결론을 내린 직후에 사용하는 표현. to 이하에 동사원형을 써서 결정한 사항을 설명하면 된다. to+V 이외에도 that절이 오기도 하며, 「무엇을[언제/어떻게] …할지 결정했다」란 의미로 I've decided what[when/how] S+V에서와 같이 각종 의문사를 활용할 수도 있다. 또한 decide의 명사형을 활용한 make a decision이나 오래 숙고한 후에 결정한다는 의미를 나타내는 make up one's mind도 결심과 관련해 자주 쓰이는 표현들이니 함께 알아두자.

큰 소리로 영어문장 말해보기

1. 그 여자와 결혼하기로 결정했어.
   I've decided to marry her.

2. 이 직장을 때려치우기로 결정했어.
   I've decided to quit this job.

3. 이곳에 남기로 결정했어.
   I've decided to stay here.

📖 잊어버리기전에 한번 써보기

1. 나는 다른 회사에 취직하기로 결정했어요.
   Hint 취직하다: take a job

   ▶ ....

2. 나는 대학에 돌아가서 학위를 끝마치기로 결정했어요.
   Hint 학위: degree …을 끝마치다: finish off

   ▶ ....

1. **I've decided to** take a job at another company.
2. **I've decided to** go back to university and finish my degree.

내 입에서 영어가 나올 줄이야!

A: Did you make up your mind about what you're going to do?

B: 진지하게 생각해봤는데 은퇴하기로 결정했어요.

A: I know that must have been a very difficult decision for you to make.

A: 어떻게 할 건지 결정을 했나요?

B: I gave it some serious thought and **I've decided to** retire.

A: 결심하기가 무척 힘드셨겠네요.

응용공식 008

I've got to+V
난 …해야 해

 만년초보 탈출하기

「…해야 한다」는 의무를 나타내는 have got to는 회화체에서 have to 못지 않게 자주 쓰이는 표현. 실제 회화에서는 have를 탈락시키고 그냥 got to라고 하는 경우도 많은데, 이마저 발음의 편의상 I gotta[아이 가러] 정도로 지나가기 십상이므로 제대로 알아듣기가 만만찮다. 또한 주어만 You로 바꾸어 You've got to~라고 하면 「너는 …해야 해」라는 뜻으로 상대에게 강력하게 충고하거나 명령할 때 사용하는 표현이 된다. 만약 You've got to be careful what you say하면 「네가 말하는 걸 조심해야만 한다」, 즉 「너 말조심하는게 좋겠어」라고 상대방에게 충고하는 말.

큰 소리로 영어문장 말해보기

1. 난 가야 해.
   I've got to **go.**

2. 나 지금 자야 해.
   I've got to **sleep now.**

3. 나 공부해야 돼.
   I've got to **study.**

📖 잊어버리기전에 한번 써보기

1. 경기보러 가는 도중에 가게에 들러야 해.
   Hint 가게에 가다: go to the store

   ▶ _____

2. 오늘 안으로 그 대본을 한 부 더 그 사람들에게 보내야 해.
   Hint 대본: transcript

   ▶ _____

1. **I've got to** go to the store on the way to the game.
2. **I've got to** send them another copy of the transcript before the end of the day.

내 입에서 영어가 나올 줄이야!

A: See you guys later, I'm going to the library to study for my chemistry test.

B: 잠깐만... 아버지 사무실에 가야 되는데 가는 길에 도서관에 내려줄게.

A: Great! Thanks a lot!

A: 나중에 보자 얘들아, 난 화학시험 준비하러 도서관에 갈거야.

B: Wait up... **I've got to** go to my dad's office. I'll drop you off at the library on the way.

A: 잘됐네! 고마워!

It's (high) time that ~

…할 때가 되었어

만년초보 탈출하기

의도했던 혹은 어떤 일을 해야 하는 '바로 그 때'임을 강조하는 말. '현재사실과 반대되는 상황'을 나타내는 가정법 과거 용법을 활용한 표현으로 that이 이끄는 절에는 과거형의 동사를 써서 현재 당연히 그래야 한다고 생각하는 것을 밝혀준다. 즉 「뭔가를 하고 있어야 할 시간인데 아직 안하고 있다」(It should be done now or should have been done sooner)라는 뉘앙스. time 앞에 형용사 high를 붙이면 적절한 시기임을 보다 강조하는 의미가 된다. It's (high) time 다음에는 that절 이외에 to + V 형태가 오는 경우도 빈번하다.

큰 소리로 영어문장 말해보기

1. 네가 직장을 가질 때다.
   It's high time you got a job.

2. 그 주식들을 팔 때다.
   It's time you sold the stocks.

3. 헤어질 시간이야.
   It's time to say good-bye.

📖 잊어버리기전에 한번 써보기

1. 급여를 올려 받을 때가 됐어요.
   Hint 급여를 인상받다: get a raise

   _____

2. 좀 더 절약하면서 열심히 일해야 할 때예요.
   Hint 절약하다: tighten one's belt

   _____

   1. **It's high time that** we told them that we deserve a raise.
   2. **It's time to** tighten our belts and work harder.

내 입에서 영어가 나올 줄이야!

A: 우리가 휴가를 좀 받을 때가 되었어요.

B: I was thinking that I would like to take a couple of weeks off at the end of June.

A: That sounds like a good idea.

A: It's high time that we took some holidays.

B: 6월 말에 2주 정도 휴가를 받을까 생각 중이었어요.

A: 그거 괜찮겠네요.

053

응용공식 010

Would you like to + V?
…할래(요)?

만년초보 탈출하기

영어에 존대말이 없다고 생각하는 사람들이 많은데 천만의 말씀. please를 비롯해 조동사 would가 바로 공손한 영어식 존대말을 만드는 핵심멤버들이다. Would you like to~?는 「…하고 싶습니까?」라고 상대방의 의향을 묻거나 「…할래요?」라고 제안할 때 쓰는 정중한 표현. 따라서 친구 사이에서도 좀 정중하게 그리고 일반적으로는 좀 더 공식적인 자리나 예의를 갖추어 말할 때 사용한다. 이런 질문을 받을 경우 긍정이면 Yes I'd like to나 Thanks로, 거절하려면 No, thanks anyway 등으로 답한다.

큰 소리로 영어문장 말해보기

1. 수영하러 가실래요?
   Would you like to go swimming?

2. 저랑 저녁식사 함께 하실래요?
   Would you like to join me for dinner?

3. 산책하시겠어요?
   Would you like to take a walk?

📖 잊어버리기 전에 한번 써보기

1. 이번 주말에 함께 야구경기 보러 갈래?
   Hint 야구경기 보러가다: go to the baseball game

   ▶ _____

2. 제가 방금 작성한 보고서 좀 봐 주시겠어요?
   Hint 보고서: report

   ▶ _____

1. **Would you like to** go to the baseball game with me this weekend?

2. **Would you like to** see the report I just finished writing?

내 입에서 영어가 나올 줄이야!

A: Can I please speak with Mr. Smith?
B: 죄송합니다만, 지금 사무실에 안계신데요. 메모를 남기시겠어요?
A: No, that's okay. I'll call back later in the afternoon.

A: 스미스 씨와 통화할 수 있을까요?
B: I'm sorry, he's out of the office at the moment. **Would you like to** leave him a message?
A: 아뇨, 괜찮아요. 이따 오후에 제가 다시 전화드리죠.

You'd better+V

…하도록 해

만년초보 탈출하기

had better + V하면 보통 「…하는 것이 더 낫다」라는 우리말 번역에 속아 넘어가 자유로운 '선택'의 의미로 착각하기 쉽지만 You'd better~는 사실 「충고」, 「명령」, 나아가 「…하는게 좋을거야(안 그러면 재미없어)」식의 은근한 「경고」 및 「협박」의 의미로 사용되는 표현이다. 이런 강제적인 뉘앙스로 인해 손윗사람이나 잘 모르는 사람에게는 함부로 사용하지 않는 것이 신상에 이로울 듯.

큰 소리로 영어문장 말해보기

1. 좀 더 예의바르게 굴라구.
   You'd better be more polite.

2. 다시는 그러지 않도록 해.
   You'd better not do that again.

3. 그 사람과 함께 가도록 해.
   You'd better go with him.

잊어버리기전에 한번 써보기

1. 공항에서 시간 맞춰 도착하려면 지금 출발하도록 해.
   Hint 비행기에 타다: catch one's flight

   ▶ ....

2. 뭔가 잘못된게 있는 것 같으니까 이 숫자들을 재확인하도록 해라.
   Hint 숫자: figure   재확인하다: double-check

   ▶ ....

   1. **You'd better** leave now if you want to make your flight.
   2. **You'd better** double-check those figures; I think that there's something wrong.

내 입에서 영어가 나올 줄이야!

A: 오늘 사장이 상당히 화가 났으니까 내일은 정시에 출근하도록 해.

B: I'm going to come in extra early for the next few days.

A: That's probably a good idea.

A: **You'd better** be on time tomorrow - the boss was pretty angry today.

B: 며칠 동안은 특별히 일찍 오려고 해.

A: 좋은 생각인 것 같아.

I don't feel like + ~ing
난 …하고 싶지 않아

 만년초보 탈출하기

feel like+~ing 구문은 「…하고 싶은 기분이 들다」라는 기본 숙어로, 따라서 부정형 don't feel like+~ing는 당연히 「…하고 싶지 않다」란 뜻. don't want to와 비슷한 의미이나 기분이나 무드가 강조된다는 점이 다르다면 다른 점. 물론 like 다음에는 명사나 동사의 ~ing형을 써주면 된다. 특히 많이 쓰이는 형태는 "그러고 싶지 않아"라는 뜻의 I don't feel like it은 꼭 외워둔다.

큰 소리로 영어문장 말해보기

1. 술 마시고 싶지 않아.
   I don't feel like drinking.

2. 춤추고 싶지 않아.
   I don't feel like dancing.

3. 자고 싶지 않아.
   I don't feel like sleeping.

📖 잊어버리기전에 한번 써보기

1. 발리에서 아주 즐거운 시간을 보내고 있었기에 난 오랫동안 떠나고 싶지 않았어.
   Hint 즐거운 시간을 보내다: have a good time

    ....

2. 직장을 잃고 나자 그 남자는 아무것도 하고 싶지 않았다.
   Hint 직장을 잃다: lose one's job

    ....

> 1. When I was having such a good time in Bali, **I didn't feel like leaving** for a long time.
>
> 2. After he lost his job, **he didn't feel like doing** anything.

내 입에서 영어가 나올 줄이야!

A: 오늘 밤에 저녁 식사를 준비하고 싶지 않아.

B: Don't worry. I prepared everything; shrimp cocktail, roasted lamb, and steamed asparagus.

A: Wow! You really went all out.

A: **I don't feel like making** dinner tonight.

B: 걱정마. 내가 새우 칵테일과 삶은 아스파라거스를 곁들인 구운 양고기 요리까지 모두 준비했어.

A: 와! 정말 정성을 다했구나.

응용공식 013

How would you like + N?

 …은 어떻게 해드릴까요?, …은 어떠세요?

 만년초보 탈출하기

이 구문의 가장 잘 알려진 문장은 식당에서 손님에게 스테이크를 얼마나 익힐지 묻는 말인 How would you like your steak? 상대방의 의향을 묻거나 제안하는 표현으로 like 다음에는 음식이나 제품 혹은 추상적인 경험 등이 오게 된다. 우리말로는 「…좀드시겠어요?」, 「…는 어때요?」 정도의 의미에 해당된다고 할 수 있다. 참고로 How would you like your steak?라는 물음에는 Rare, Medium, Well done 등으로 대답해야 한다는 정도는 알아두자.

큰 소리로 **영어문장 말해보기**

1. 스테이크를 어떻게 해서 드릴까요?
   How would you like your steak?

2. 모피 코트 하나 새로 사는게 어때?
   How would you like a new fur coat?

3. 아이스크림 좀 먹을테야?
   How would you like some ice cream?

060

잊어버리기전에 한번 써보기

1. 맛있고 따뜻한 스프 한 그릇 드시겠어요?
  Hint 스프 한 그릇: a bowl of soup

  ▶ _____

2. 접시에다 칠면조 고기 한 점 더 드릴까요?
  Hint 접시: plate   칠면조: turkey

  ▶ _____

1. **How would you like** a nice, hot bowl of soup?
2. **How would you like** another slice of turkey on your plate?

내 입에서 영어가 나올 줄이야!

A: 유명인을 만나보고 싶지 않아요?

B: I'd love it. Who are you talking about?

A: Well, my friend knows RM, and he's coming here tonight.

A: **How would you like** the experience of meeting someone famous?

B: 그러고 싶죠. 누굴 얘기하는 건데요?

A: 음, RM을 아는 친구가 있는데요, 오늘밤에 여기 온다네요.

I fail to + V

난 …못했어

 만년초보 탈출하기

「실패하다」라고 각인된 우리식 해석이 종종 오해를 일으키곤 하는 표현. '실패'라는 거창한 단어는 접어두고 그저 「…을 하지 못하다」라는 의미로 기억하도록 하자. 「…하지 못하다」란 말에서도 느껴지는 뉘앙스대로 뭔가 하려고 하지만(try to do something) 본의 아니게 할 수 없는(not succeed in doing something) 경우에 사용된다.

큰 소리로 **영어문장 말해보기**

1. 네가 말하는 요점을 모르겠어.
   I fail to see your point.

2. 미안하지만 너 승진에서 떨어졌어.
   I'm sorry, but you failed to get promoted.

3. 입학시험에 떨어졌다며.
   I heard that you failed the entrance exam.

잊어버리기전에 한번 써보기

1. 왜 우리가 이 사업에 대해서 승인을 못 받은 건지 이유를 모르겠어.
   Hint 승인을 받다: receive the approval

   ▶ _____

2. 왜 걔가 나를 제끼고 그 일을 맡았는지 이해할 수가 없어.
   Hint 그 일을 제안받다: be offered the job

   ▶ _____

   1. **I fail to** understand why we haven't received approval for this project.
   2. **I fail to** comprehend why he was offered the job before me.

내 입에서 영어가 나올 줄이야!

A: 그 사람들이 그렇게 결정한 근거를 모르겠어.

B: I don't understand it either and that's why we have launched an appeal.

A: How long will the appeal process take?

A: **I fail to** comprehend the rationale behind their decision.

B: 나도 그게 이해가 되지 않아. 그래서 우리가 재심 요청을 한거잖아.

A: 재심하는데 얼마나 걸릴 것 같니?

I thought you~
난 …하는 줄 알았어

 만년초보 탈출하기

think의 과거형인 thought를 이용한 표현으로 I thought 주어+동사 형태로 쓰면 「…라고 생각했다」라는 의미가 된다. 예를 들어 I thought last night was great라고 하면 "지난밤은 정말 좋았다"고 생각해라는 말이 된다. 하지만 그렇게 생각했지만 실제는 그렇지 않은 경우에도 많이 사용되는데 I thought you were a good kisser라고 하면 "네가 키스를 잘하는 줄 알았어" 그런데 알고 보니 너 그렇게 잘하지 않더라는 의미로, 자신이 처음에 생각했던 것과 다른 상황을 언급할 때 주로 사용을 많이 한다.

큰 소리로 영어문장 말해보기

1. 네가 알고 있다고 생각했어.
   I thought you knew it.

2. 네가 내게 말하는 줄 알았어.
   I thought you were talking to me.

3. 네가 어려움에 처한 줄 알았는데.
   I thought you were in trouble.

잊어버리기전에 한번 써보기

1. 난 네가 우리편인 줄 알았어.
   Hint 우리편이다: be on my side

   ▶ ....

2. 난 걔를 믿을 수 있는 사람으로 생각했는데.
   Hint 믿다: trust

   ▶ ....

1. **I thought you** were on my side.

2. **I thought that** I could trust her.

 **내 입에서 영어가 나올 줄이야!**

A: 난 너 우체국에 간 줄 알았어.

B: Not yet. I still have to finish this work.

A: Well, it closes in an hour.

A: **I thought you** were going to the post office.

B: 아직. 이 일을 끝마쳐야 돼.

A: 저기, 한 시간 내에 문닫어.

응용공식 016

Are you interested in~?

…에 관심있니?, …할 생각있니?

만년초보 탈출하기

상대방의 관심사항에 대한 질문으로 in 이하의 사실에 흥미를 느끼고 있는지를 물어보는 표현. in 다음에 명사상당어구 또는 ~ing 형태로 관심의 대상을 적어주면 된다. 또한 실용회화에서는 '권유'의 의미로도 쓰임새가 많은데, 가령 퇴근 후 같이 술 한잔 할 동료를 찾는다면 Are you interested in having a shot with me?(퇴근 후에 나하고 한잔 할래?) 정도로 말을 걸어보면 된다는 말씀. 명사형 interest를 이용하여 have an interest in으로 바꿔 쓸 수도 있다.

큰 소리로 영어문장 말해보기

1. 여기 좀 둘러볼 생각있니?
   Are you interested in **looking** around here?

2. 우리와 같이 갈 생각있니?
   Are you interested in **joining** us?

3. 초과근무 좀 할 생각있어?
   Are you interested in **working** some overtime?

📖 잊어버리기전에 한번 써보기

1. 주말 나흘 동안 스키타러 갈 생각있니?
    ...하러 가다: go away for

   ▶ _____

2. 조만간 AI 관련 회사를 새로 창업할 생각이 있으십니까?
    창업하다: start up~

   ▶ _____

1. **Are you interested in go**ing **away for a four-day ski weekend?**

2. **Are you interested in start**ing **up an AI company in the near future?**

내 입에서 영어가 나올 줄이야!

A: 새로 개업한 초밥집에 우리랑 같이 점심 먹으러 갈 생각있니?

B: I am, but I can't go until after one o'clock.

A: That's fine with us, we'll come and get you.

A: Are you interested in coming **with us to lunch at that new sushi place that just opened?**

B: 그래, 하지만 1시가 넘어야 갈 수 있어.

A: 우리는 그래도 괜찮아. 와서 널 데려갈게.

Did you forget to+V?

⋯하는 것을 잊었니?

 만년초보 탈출하기

목적어로 to 부정사가 오면 「하기로 한 일을 잊다」, about+동명사가 오면 「(과거에 했던 일을) 잊다」란 뜻으로 각각 의미가 상당히 달라지는 forget은 remember와 더불어 요주의 동사이다. 따라서 이 표현은 「⋯하는 것을 잊었니?」라고 직역되며, 주로 상대방이 하기로 되어 있던 일을 잊어버리고 하지 않았을 때 「왜 ⋯하지 않았니?」(Why didn't you do something?)라는 투로 상대방을 꾸짖는 경우에 많이 쓰인다.

큰 소리로 영어문장 말해보기

1. 그 사람에게 전화하는 것을 잊었어?
   Did you forget to **call him?**

2. 네 보고서 가져오는거 잊었니?
   Did you forget to **bring your report?**

3. 10시에 자야 한다는 걸 잊었어?
   Did you forget to **go to sleep at 10 p.m.?**

잊어버리기전에 한번 써보기

1. 퇴근 전에 크리스한테 보고서 보내는거 잊었니?
   Hint 보고서를 보내다: send the report to~

   ▶ ....

2. 컴퓨터 프린터 용지 더 주문하는 것 잊었어?
   Hint …용 종이를 더 주문하다 order more paper for~

   ▶ ....

1. **Did you forget to** send the report to Chris before you left?

2. **Did you forget to** order more paper for the computer printer?

내 입에서 영어가 나올 줄이야!

A: 근무기록표를 제출하는 걸 또 잊었나요?

B: Yes! I must really make an effort to remember next week.

A: I think you were just under a lot of stress this past month.

A: Did you forget to hand in your time sheet again?

B: 네! 다음 주에는 정말로 잊지 않도록 해야겠어요.

A: 이번 달에 스트레스를 많이 받아서 그런 모양이군요.

응용공식 018

Let me tell you (something) about~

…에 대해 말할게요

만년초보 탈출하기

Let sb+V(…가 ~하도록 하다)와 tell sb about sth(…에게 ~에 관해 말해주다)라는 두 가지 기본 문형이 결합된 형태다. 본격적인 대화에 들어가기 전, 미리 이야기의 주제를 언급하며 말문을 여는 표현이다. Let me~는 「내가 …하게 해주세요」라며 상대의 허가를 구하는 형식이지만, 실제로는 그저 「내가 …하겠다」라는 I'll~의 개념으로 쓰는 경우가 대부분이다.

큰 소리로 영어문장 말해보기

1. 내가 꾼 꿈얘기를 해줄게.
   Let me tell you about my dreams.

2. 제 생각에 대해 말씀드리겠어요.
   Let me tell you something about my idea.

3. 그 소식에 대해 말해줄게.
   Let me tell you something about the news.

📖 잊어버리기전에 한번 써보기

1. 제 아버지에 대해 말해드리겠습니다.
   `Hint` …에 대한 어떤 것[무엇]: something about sb

   ▶ _____

2. 내 약혼자하고 어떻게 만나게 됐는지 말해드리죠.
   `Hint` 약혼자: fiancé

   ▶ _____

   1. Let me tell you something about my father.
   2. Let me tell you about how I met my fiancé.

내 입에서 영어가 나올 줄이야!

A: 이 회사의 업무방식에 대해 말씀드리죠.

B: I'm all ears.

A: To succeed here, you have to be aggressive and intelligent.

A: Let me tell you something about the way this company works.

B: 귀 기울여 듣겠습니다.

A: 여기서 성공하려면 적극적이어야 하며 머리 회전이 빨라야 합니다.

응용공식 019

have something to~

…할 것이 좀 있다

 만년초보 탈출하기

여기서 to 부정사는 something을 수식하는 형용사적 용법. 자신이 하려는 행동을 굳이 구체적으로 설명할 필요가 없을 때, 혹은 정확하게 언급하기 전에 잠시 뜸들이는 용도로 유용한 표현이다. 예를 들어, 친구의 생일날 I'll give a bunch of flowers for your birthday(네 생일선물로 꽃다발을 줄게)라고 명확하게 얘기할 수도 있겠지만 I have something to give you(너한 테 줄게 있어)라고 말문을 연 다음 슬그머니 뒤에서 꽃다발을 꺼낼 수도 있다는 말씀.

큰 소리로 영어문장 말해보기

1. 너한테 말할게 있다.
   I have something to **tell you.**

2. 너에게 보여줄게 있다.
   I have something to **show you.**

3. 난 사야 될게 있어.
   I have something **I need to buy.**

📖 잊어버리기전에 한번 써보기

1. 오늘 퇴근하기 전에 너에게 줄 것이 있어.
   Hint 퇴근하다: leave work

   _____

2. 네가 일하게 될 회사에 대해서 우리가 말해줄 것이 있어.
   Hint …에서 일하다: work for

   _____

   1. **I have something to** give you before you leave work today.
   2. **We have something to** tell you about the company that you're going to work for.

내 입에서 영어가 나올 줄이야!

A: 오늘 저녁 늦게 할 일 있니?

B: Let me call my husband and see if I am free.

A: Okay, give me a call when you find out.

A: **Do you have something to** do later this evening?

B: 우리 남편한테 전화해서 나가도 좋을지 물어볼게.

A: 좋아, 알아보고 전화해줘.

have nothing to do with~

…와 아무 관련이 없다

만년초보 탈출하기

주어와 with 이하의 명사상당어구 사이에 「아무 관련이 없다」(have no connection with)는 의미를 나타내는 관용구로, 한 호흡에 튀어나올 수 있도록 한꺼번에 익혀두어야 한다. nothing 대신 something[anything], much, a lot 등을 집어넣어 다양하게 활용해볼 수 있다. 관련 사실을 전적으로 부인할(deny being related) 때 쓰는 대표적인 표현.

큰 소리로 영어문장 말해보기

1. 그 여자와 아무 상관없다.
   I have nothing to do with her.

2. 이것과 아무 관련이 없다.
   I have nothing to do with this.

3. 추문과는 전혀 상관없다.
   I have nothing to do with the scandal.

잊어버리기전에 한번 써보기

1. 어제 회의에서 일어난 일과 난 아무런 관련이 없어.
   `Hint` 일어나다: happen

   ▶ _____

2. 그들이 말하는 프로젝트와 난 관련없어.
   `Hint` …에 관해 말하다 : say about~

   ▶ _____

   1. **I have nothing to do with** what happened at the meeting yesterday.
   2. **I have nothing to do with** what they're saying about the project.

내 입에서 영어가 나올 줄이야!

A: Do you think that your client will be interested in buying more property?

B: 시외에 있는거라면, 거들떠도 안볼거야.

A: The place is right in the city.

A: 네 고객이 부동산을 더 매입하려 할까?

B: If it's outside the city, then he will **have nothing to do with** it.

A: 그 부지는 바로 여기 시내에 있어.

Let's go get~

…하러 가자

만년초보 탈출하기

좀 특이한 공식이지만 구어체에서는 자주 쓰이는 표현. go 다음에 나오는 동사의 원형을 보고 고개를 갸우뚱할지도 모르겠지만, go get, go have, go take, go see 혹은 come see, come do 등 go와 come 다음에는 바로 동사원형이 올 수 있다. 물론 go나 come 다음에 to 혹은 and가 생략되는 경우이다. 언어는 편리함을 극도로 추구하기 때문에 없어도 말이 되는 것은 줄이거나 빼려는 경향이 강하다. go+동사는 …하러 가다, come+동사일 때는 …하러 오다라는 뜻이다.

큰 소리로 영어문장 말해보기

1. 가서 목욕 좀 할거야.
   I'm going to go take a bath.

2. 이제 가서 최선을 다해.
   Now you go do your best.

3. 가서 사장 만나야 돼.
   I got to go see my boss.

📖 잊어버리기전에 한번 써보기

1. 피자 먹으러 갈건데 먹을래?
　`Hint` 좀 먹을래?: (Do you) Want some?

　▶ _____

2. 와서 우리랑 같이 영화볼래?
　`Hint` 영화보다: see a movie

　▶ _____

1. I'm gonna **go get** some pizza. Want some?
2. Do you want to **come see** a movie with us?

내 입에서 영어가 나올 줄이야!

A: There is a big concert scheduled for Friday night.

B: 가보고 싶은데. 가서 표를 구하자.

A: The website says that the tickets have all been sold.

A: 금요일 저녁에 빅컨서트가 있어.

B: I'd love to be able to attend. Let's **go get** tickets.

A: 사이트보니까 표가 다 매진되었대.

응용공식 022

You're welcome to~
…해도 좋다, …하고 싶으면 해라

만년초보 탈출하기

Thank you에 대한 정형화된 답변 「천만에요」로 잘 알려진 You're welcome에 to+V가 이어진 표현. You're welcome이 「천만에요」로 쓰이는 것은 어서 오라는, 즉 '환영한다'는 것에서 의미영역이 확장되었다는 것을 인식하면 You're welcome to+V의 뜻은 쉽게 이해가 될 것이다. 다시 말하자면 「to+V 이하를 해도 환영한다」라고 말하는 것으로 「…해도 괜찮으니 원한다면 그렇게 해라」(You're freely allowed to do something)란 뜻이 된다. 특정 행위에 대한 선택권을 상대방에게 완전히 일임하는 표현으로, 상대방의 행위에 제한을 두지 않겠다는 의미에서 if you want(원한다면), as much as you need(필요한 만큼), at any time(언제든지) 등을 덧붙이기도 한다.

큰 소리로 영어문장 말해보기

1. 그걸 맛보셔도 좋습니다.
   You're welcome to taste that.

2. 저에게 뭐든지 물어보셔도 좋습니다.
   You're welcome to ask me anything.

3. 네가 필요한 기간만큼 우리집에 머물러도 좋아.
   You're welcome to stay at my place as long as you need.

📖 잊어버리기전에 한번 써보기

1. 언제까지든 필요한 만큼 우리집에 머물러도 좋아.
   [Hint] 네가 필요로 하는 기간만큼: as long as you need

   ▶ _____

2. 자동차 기름이 다 떨어졌으면 내 차를 타고 가도 좋아.
   [Hint] 휘발유: gas(=gasoline)   차를 타고 가다: take a car

   ▶ _____

1. **You're welcome to** stay at my place as long as you need.

2. **You're welcome to** take my car if you don't have any gas.

내 입에서 영어가 나올 줄이야!

A: My sister looked all over the house but couldn't find her tickets.

B: 나한테 남는 티켓들이 몇 장 있는데 원한다면 가져도 돼.

A: That is so nice of you to offer them to me.

A: 여동생이 집안 구석구석을 뒤져봤지만, 티켓들을 찾을 수가 없었나봐.

B: **You're welcome to** take the extra tickets I have.

A: 그 티켓들을 나에게 주겠다니 정말 고마워.

I'd like you to~

…을 해줄래(요)?

 만년초보 탈출하기

말하는 사람의 바램을 의미하는 인기 회화표현 I would like to~ 중간에 you가 살짝 끼어든 형태. 일상회화에서 시도때도 없이 등장하는 공손한 부탁 표현으로 「네가 …해줬으면 좋겠다」란 의미이다. 공손한 뉘앙스 탓에 격의 없는 친구 사이보다는 윗사람에게, 혹은 공식적인 장소에서 사용하는 것이 자연스러운 경우가 많다.

큰 소리로 영어문장 말해보기

1. 저랑 결혼해 주세요.
   I'd like you to marry me.

2. 여기 좀 주목하세요.
   I'd like you to pay attention.

3. 오늘 밤 안 갔으면 좋겠어.
   I'd like you to stay with me tonight.

📖 잊어버리기전에 한번 써보기

1. 내가 제일 좋아하는 선생님을 네가 오늘밤 열릴 파티에서 만났으면 좋겠어.
   Hint 내가 제일 좋아하는 선생님: my favorite teacher

    _____

2. 그 계약서 세 부를 그 남자에게 좀 보내주시겠어요.
   Hint 세 부: three copies   …에게 보내다: send to

    _____

   1. **I'd like you to** meet my favorite teacher tonight at the party.
   2. **I'd like you to** send three copies of the contract to him.

내 입에서 영어가 나올 줄이야!

A: 지금 바로 가서 우리에게 커피 좀 사다 주시겠어요?

B: I'm sorry, but that is not a part of my job.

A: Okay, then could you tell the secretary to get it for us?

A: **I'd like you to** go and get us some coffee right now.

B: 죄송하지만 그건 제가 할 일이 아닌데요.

A: 그럼 비서에게 가서 우리에게 커피 좀 사다달라고 말씀해주세요.

I promise to~

꼭 …할게

 만년초보 탈출하기

「반드시 …하겠다」라는 다짐을 상대방에게 보여주고 싶다면? 물론 I will~ 라고 해도 가능하겠지만, I promise to+V[that S+V]를 이용하면 새끼 손가락을 걸고 약속하듯 반드시 뭔가를 하겠다는 굳은 다짐을 간단하고도 보다 세련되게 표현할 수 있다. 특히 promise oneself that~이라고 하면 「자기 자신에게 약속하다」란 의미가 되어 「…하기로 결심[다짐]하다」, 즉 make up one's mind to+V와 유사한 표현이 된다.

큰 소리로 영어문장 말해보기

1. 사장님께 꼭 말씀드릴게요.
   I promise to tell the boss.

2. 거기 도착하면 꼭 전화할게.
   I promise to call when I get there.

3. 다신 그런 일 없을거예요. 약속해요.
   I promise I won't let it happen again.

📖 잊어버리기전에 한번 써보기

1. 시간에 맞춰 형에게 차를 빌리지 못한다면 공항까지 널 꼭 데려다 줄게.
   Hint A를 B에 데려다주다: take A to B

....

2. 라스베가스의 카지노에서 멋진 기념품을 꼭 사올게.
   Hint 기념품: souvenir

....

1. **I promise to** take you to the airport if you can't borrow your brother's car in time.

2. **I promise** I'll bring you back a nice souvenir from Las Vegas.

내 입에서 영어가 나올 줄이야!

A: I hope you manage to do some sightseeing on your business trip to Rome.

B: 그럴 예정이야, 그리고 너에게 사진 좀 보낼게.

A: I look forward to receiving them.

A: 로마로 출장가면 관광도 좀 할 수 있을거야.

B: I plan to, and **I promise** I'll send you some pictures.

A: 사진받을 날만 기다릴게.

Have you tried +N[~ing]?

…해봤니?

만년초보 탈출하기

경험의 현재완료 용법(…한 적이 있다)을 이용한 구문. 과거에 뭔가를 시도해본(try) 경험을 묻는 전형적인 표현으로 try가 「…을 시도해 보다」란 뜻으로 쓰일 때는 뒤에 ~ing 혹은 명사가 위치한다. '경험'을 묻는다는 점을 명확히 드러내 강조하기 위해 ever를 추가하여 Have you ever tried~?라고 하기도 한다. 물론 옷 등을 한번 입어본다고 할 때는 try on이라고 한다.

큰 소리로 영어문장 말해보기

1. 번지점프 해봤니?
   Have you tried bungee jumping?

2. 그 요리 먹어봤니?
   Have you tried the dish?

3. 수상스키 타봤니?
   Have you tried water skiing?

📖 잊어버리기전에 한번 써보기

1. 밤 대신 아침에 공부해본 적 있어?
   Hint ···대신에: instead of

   ▶ _____

2. 스트레스 받을 때 산책해본 적 있어?
   Hint 산책하다: take a walk

   ▶ _____

   1. **Have you tried** study**ing** in the morning instead of at night?
   2. **Have you tried** tak**ing** a walk when you feel stressed out?

내 입에서 영어가 나올 줄이야!

A: I can't seem to get my boots shiny enough.

B: 구두약을 써봤어?

A: Yes, but it still doesn't help.

A: 내 구두를 제대로 윤이 나게 할 수 없는 것 같아.

B: **Have you tried** boot polish?

A: 그럼, 하지만 별 도움이 안되더라구.

You said~

넌 …라고 했어

만년초보 탈출하기

You said 주어+동사의 구문은 상대방이 이미 한 말을 다시 확인해보는 것으로「네가…라고 했어[했잖아]」라는 뜻. 단순히 재확인하거나 혹은 문맥에 따라, 즉 예를 들어 You said it was okay!(괜찮다고 했잖아!)라고 하면 상대방에게 따지는 회화문형. 또한 You told me (that)~ 혹은 You told me to~는 「네가 …라고 했잖아」라는 의미이고, I thought S+V와 결합하여 I thought(think) you said 주어+동사라고 하면 「난 또 네가 …라고 말한 줄 알았지」라는 뜻이 된다.

큰 소리로 영어문장 말해보기

1. 그게 재미있을거라고 했잖아!
   You said it was going to be fun!

2. 네가 그거 좋다고 했잖아.
   You told me you liked it.

3. 저 농담들은 네가 재미있다고 말한 걸로 아는데.
   I thought you said those jokes were funny.

잊어버리기전에 한번 써보기

1. 나 좋아한다고 했잖아! 맘이 바뀐거야?
   Hint 맘이 바뀌다: change one's mind

   ▶ ....

2. 나 점심 사준다고 했잖아.
   Hint 점심사주다: take sb to lunch

   ▶ ....

   1. **You said that you** liked me! Did you just change your mind?
   2. **You told me you** were going to take me to lunch.

내 입에서 영어가 나올 줄이야!

A: I'm going to have to work late tomorrow night.

B: 같이 영화보러가기로 했잖아.

A: I know, but I have to finish this project.

A: 내일 저녁에 나 야근해야 돼.

B: **You said** we were going to go to the movies together.

A: 알아, 하지만 이 프로젝트를 끝내야 돼.

I don't know why S+V

…하는 이유를 모르겠다, 왜 …인지 모르겠다

만년초보 탈출하기

여기서 why는 그 앞에 선행사 the reason이 생략된 관계부사로 볼 수 있는데, 그런 분석적인 마인드는 집어치우고 I don't know why~를 하나의 단위로 통째 외워두는 편이 한결 이롭다. why 이외에 what, how, when 등등 다른 의문사들로 바꾸어 다양하게 활용해 보도록 하자.

큰 소리로 영어문장 말해보기

1. 그 여자가 왜 우는지 모르겠어.
   I don't know why she is crying.

2. 네가 왜 왔는지 모르겠어.
   I don't know why you came.

3. 난 네가 그걸 어떻게 참아냈는지 모르겠어.
   I don't know how you put up with it.

잊어버리기전에 한번 써보기

1. 그 여자가 왜 파티에 온다는 건지 모르겠어.
   Hint …에 오다: come to

   ▶ _____

2. 내가 왜 너에게 그걸 알려주고 싶은 건지 모르겠어.
   Hint 네가 …해줬으면 한다: I want you to+V

   ▶ _____

   1. **I don't know why** she's coming to the party.
   2. **I don't know why** I want you to know that.

내 입에서 영어가 나올 줄이야!

A: 그 남자가 왜 자신의 실수들을 숨기려고 애쓰는지 모르겠어.

B: Jong-Soo said he's afraid of what the boss might do to him.

A: If he were more honest, he wouldn't have so many problems.

A: **I don't know why** he tries to cover up his mistakes.

B: 종수가 그러는데 그애는 사장이 자기에게 무슨 짓을 할지 두렵대.

A: 만약에 좀 더 정직했다면, 그렇게 문제가 많이 생기지는 않았을거야.

응용공식 028

I've been working in ~

…에서 일하고 있어요

만년초보 탈출하기

현재 다니고 있는 직장이나 근무부서 등을 말할 때 사용하는 표현. in 이하에는 sales department(영업부), publishing house(출판사) 등 자신이 일하고 있는 직장이나 부서 명칭을 덧붙이면 된다. 또한 영어에서는 자신의 직업을 언급할 때 「work for+사람(주로 boss)」을 사용하는 경우가 많다는 점도 기억해 두자. 따라서 Who do you work for?라고 하면 상대방의 직장을 묻는 질문이 된다. 참고로 work for oneself는 「자신을 위해 일하다」란 의미에서 「자영업[자기 사업]을 하다」라는 의미가 된다.

큰 소리로 영어문장 말해보기

1. 저는 영업쪽에서 일해왔습니다.
   I've been working in sales.

2. 출판업계에서 일해왔어요.
   I've been working in publishing.

3. 옆 건물에서 근무해왔어요.
   I've been working in the next building.

📖 잊어버리기전에 한번 써보기

1. 이 공장에서 정말 오랫동안 일해와서 이젠 미칠 지경이야.
　Hint …을 (미칠 정도로) 화나게 만들다: drive sb crazy

▶ _____

2. 난 이 사무실에서 하도 오랫동안 일해서 사람들이 하는 일을 전부 알고 있다.
　Hint 일, 업무: job

▶ _____

　1. **I've been working in** this factory for so long, it's driving me crazy!
　2. **I've been working in** this office for so long that I know everyone's job.

내 입에서 영어가 나올 줄이야!

A: Are you qualified for the promotion?
B: 그거야 뭐, 이 부서에서 꽤 오래 근무했으니까요.
A: Yes, and you've come a long way!

A: 당신은 승진할 만한 자격을 갖추고 있습니까?
B: Well, **I've been working in** this department for quite a while.
A: 그렇죠, 그래서 많이 발전했구요!

I think I will~

…할 생각이야

만년초보 탈출하기

그냥 단도직입적으로 I will~이라고 「앞으로 …할거야」라고 말해도 되지만 문장을 좀 부드럽고 너무 단정짓지 않게 조심스럽게 말하는 표현법 중의 하나로 앞에 I think를 붙여서 I think I will~하면 앞으로 「…할 생각이야」라는 부드러운 문장이 된다. 단 하나 조심할 것은 상대방의 물음이나 명령에 I think I will.(그러려구)하면 앞 문장을 받아서 대답하는 단독문장으로 많이 쓰인다는 점이다.

큰 소리로 영어문장 말해보기

1. 난 크리스랑 데이트할 생각이야.
   I think I will date Chris.

2. 난 괜찮을거야!
   I think I will be all right!

3. 내가 전화를 할까봐.
   I think I'll make a call.

잊어버리기전에 한번 써보기

1. 난 저녁식사에 친구 몇 명을 초대할까봐.
   Hint …을 저녁식사에 초대하다: invite sb out for dinner

   ▶ _____

2. 새로운 메일이 왔는지 확인해볼려구.
   Hint …인지 확인해보다: check to see if~

   ▶ _____

1. **I think I will** invite a few friends out for dinner.
2. **I think I will** check to see if I have any new e-mail.

내 입에서 영어가 나올 줄이야!

A: Did you have a chance to go and eat lunch today?

B: 아니, 너무 바빴어. 조금 기다렸다가 저녁먹을까봐.

A: If you do that you are going to be really hungry.

A: 오늘 나가서 점심먹었어?

B: No, I've been too busy. **I think I'll** just wait until dinner.

A: 그러면 너무 배고플텐데.

응용공식 030

work out
잘되다

 만년초보 탈출하기

참 간단한 단어들로 이루어졌는데 의미는 참 다양하게 쓰이는 비중도가 엄청 높은 표현. 먼저 주어자리에 어떤 상황이 나올 경우이면 「상황이 좋아지다」(get better)라는 의미이고, 그리고 상황이 work out well[badly] 처럼 부사가 이어질 때는 「좋게[나쁘게] 되다」(turn out)라는 뜻이 된다. 그리고 사람이 주어로 와서 work out하게 되면 「잘 고안해내다」, 「좋은 계획을 짜다」라는 의미가 되고 또 하나는 「운동하다」, 즉 exercise의 의미가 된다. 그리고 관용구적으로 work things out (with)하게 되면 「…와」 일을 잘 풀어가다」, work out for the best하면 「결국은 잘되다」라는 뜻으로 각각 자주 쓰인다. 마지막으로 약속이나 일정을 잡을 때, work out for you라는 문구를 자주 보게 되는데 이는 그 일정이 너한테 괜찮냐고 물어보는 표현이다.

큰 소리로 영어문장 말해보기

1. 잘 해결될거야.
   Things will work out all right.

2. 너하고 팀이 잘 되기를 바래.
   I hope it works out with you and Tim.

3. 일이 어떻게 된거야?
   How did everything work out?

📖 잊어버리기전에 한번 써보기

1. 보통 헬스클럽에서 2시간 동안 운동해.
   `Hint` 보통: usually

    _____

2. 유명 로스쿨에 들어가려고 했는데 그렇게 안됐어.
   `Hint` 유명 로스쿨: good law school

    _____

    1. Usually, I **work out** for two hours at my gym.

    2. I tried to get into a good law school, but it didn't **work out**.

내 입에서 영어가 나올 줄이야!

A: I heard the managers were here the entire night.

B: 일정 문제를 푸는데 어려움을 겪었어.

A: Well, hopefully they got everything ready for next year.

A: 부장들이 밤새 여기 있었다며.

B: They had difficulty **working out** the problems.

A: 음, 내년을 대비해 모든 걸 다 잘 준비해놓기를 바래.

How about~ ?

···은 어때?

 만년초보 탈출하기

How about~?은 상대방의 의향을 묻거나 뭔가 새로운 제안을 할 때 특히 약속시간, 장소를 정할 때 쓰는 표현으로 How about~ 다음에 제안의 내용을 그냥 붙이면 되는 아주 간단하면서도 유용한 표현. 보통 How about 다음에는 명사 또는 동사의 ~ing만 오는 것으로 알려져 있는데 실은 How about 다음에는 How about over here?(이쪽은 어때요?), How about we go to the movies tonight?(오늘 저녁 영화 어때?)처럼 부사구나 절 등이 올 수도 있다. 주의할 점은 How about that?(그거 어때?)과 달리 How about that!하면 「그거 좋은데!」, 「대단한데!」라는 표현이 된다는 것이다.

큰 소리로 **영어문장 말해보기**

1. 지금은 어때?
   How about **now?**

2. 디저트 좀 드실래요?
   How about **some dessert?**

3. 저녁하면서 이 문제 얘기해보면 어때?
   How about **we talk about this over dinner?**

잊어버리기전에 한번 써보기

1. 금요일은 내가 비상대기여서 안좋아. 토요일은 어때?
   Hint 비상대기하다: be on call

    ....

2. 내 말은, 정상적인 일을 잡고 네가 살 집을 찾아보는게 어때?
   Hint 직장을 구하다: get a job 자기 집을 찾다: find a place of one's own

    ....

   1. Friday's bad because I'm on call. **How about** Saturday?
   2. I mean, **how about** you get a normal job and find a place of your own?

내 입에서 영어가 나올 줄이야!

A: What can we give Brian for a birthday present?

B: 티셔츠 사주면어때? 걔 티셔츠 많이 입던대.

A: That's a good idea. I think that a large T-shirt will fit him.

A: 브라이언에게 생일선물로 뭘줄까?

B: **How about** we get him a T-shirt? He wears them a lot.

A: 좋은 생각이야. 라지사이즈 티셔츠가 걔한테 맞을 것 같아.

응용공식 032

What are you going to~?

너 뭐를 …할거야?

만년초보 탈출하기

미래를 나타내는데 애용되는 be going to~와 의문사 what[when~] 등이 결합하여 만든 형태로 What are you going to~?, When are you going to~?라고 쓰면 된다. 상대방이 앞으로 뭘 할건지 혹은 언제 …을 할건지 등을 물어볼 때 요긴하게 사용하면 된다. 그냥 「뭐할거야?」라고 물어보려면 What are you doing to do?,「 다음에 뭐 할거니?」하려면 What are you going to do next?, 그리고 좀 더 구체적으로 어떤 대상을 어떻게 할거냐고 물어볼 때는 What are you going to do with your bonus?라고 하면 된다. 특히 What are you going to do?는 단독으로 문맥에 따라「어떻게 할거야?」,「어쩔건대?」라는 의미로도 쓰인다는 점을 기억해둔다.

큰 소리로 영어문장 말해보기

1. 뭐라고 말할거야?
   What are you going to say?

2. 뭐 먹을래?
   What are you going to have?

3. 너 언제 그거 할거야?
   When are you going to do it?

📖 잊어버리기전에 한번 써보기

1. 그 제안을 어떻게 할거야?
   `Hint` 제안: offer

   _____

2. 여기서 무슨 일이 일어났는지 언제 우리에게 말할거야?
   `Hint` 무슨 일이 일어났는지 말하다: tell sb what happened

   _____

   1. What are you going to do with the offer?

   2. When are you going to tell us what happened here?

내 입에서 영어가 나올 줄이야!

A: I'm going to break up with my boyfriend tonight.

B: 어이구, 안됐다. 뭐라고 말할거야?

A: I'll have to tell him that I don't love him anymore.

A: 오늘 저녁에 남친과 헤어질거야.

B: Geez, that sucks. **What are you going to** tell him?

A: 더 이상 사랑하지 않는다고 말해야 할거야.

응용공식 033

make it to + 장소
시간에 맞춰 …에 가다

만년초보 탈출하기

make it은 You can make it!(넌 할 수 있어!)에서처럼 「(힘든 일을) 성취해 내다」(achieve something difficult)란 의미. 이 make it에 「to+장소명사」가 이어지면 「시간에 맞게 …에 가다」(succeed in arriving in time)란 뜻으로 '약속영어'의 대표적 표현이 된다. 좀 헷갈리면 make it이 「힘든일을 성취해 내다」라는 의미라는 점에 착안하여 「make it to+장소명사」란 표현도 특정 장소까지 가는데 '가까스로 성취해내다,' 즉 '겨우 제시간에 다다르는데 성공하다'라고 생각하면 이해가 쉬울 듯.

큰 소리로 영어문장 말해보기

1. 시간에 맞춰 파티에 도착하다
   make it to the party

2. 시간에 늦지 않게 사무실에 도착하다
   make it to the office

3. 시간에 맞춰 발표회에 가다
   make it to the presentation

잊어버리기전에 한번 써보기

1. 그 남자가 4시에 열리는 회의에 참석할 수 있다고 말했어?
   Hint 회의에 참석하다: make it to the meeting

   ▶ ....

2. 오늘밤 공연에 갈 수 있어?
   Hint 공연: performance

   ▶ ....

   1. Did he say that he could **make it to** the meeting at 4?

   2. Are you going to be able to **make it to** the performance tonight?

내 입에서 영어가 나올 줄이야!

A: 이번 주말 파티에 올 수 있을 것 같아?

B: I'm not sure, but I'll really try. I'm on call at the hospital all weekend.

A: That's okay. Just do your best to make it.

A: Do you think you'll be able to **make it to** my party this weekend?

B: 잘 모르겠지만 가보도록 할게. 이번 주말은 병원에서 대기 근무해야 돼서.

A: 좋아. 오도록 최대한 노력해봐.

I told you to~

…라고 했잖아

 만년초보 탈출하기

말귀를 못알아듣는 상대방에게 혹은 말을 잘 안듣는 상대방에게 쓸 수 있는 표현으로 「내가 …라고 말했잖아」(그런데 왜 말을 안들어?)라는 뉘앙스의 표현. I told you that S+V, 혹은 I told you to+V라 하면 된다. 부정으로 쓰려면 I told you not to+V로 「…하지 말라고 했잖아」, 그리고 점잖게 말하려면 I thought I told you~(…라고 말한 것 같은데)라고 하면 된다.

큰 소리로 영어문장 말해보기

1. 그러지 말라고 했잖아!
   I told you not to do that!

2. 날 떠나라고 했잖아.
   I told you to leave me.

3. 나가라고 말했던 건 같은데.
   I thought I told you to get out of here.

📖 잊어버리기전에 한번 써보기

1. 쟤가 원하는 건 다 주라고 했잖아.
   Hint 원하는 모든 것: whatever sb wants

   ▶ _____

2. 걔가 정확히 어디 사는지 모른다고 했잖아.
   Hint 어디 사는지 알다: know where sb lives

   ▶ _____

1. **I told you to** give her whatever she wants.
2. **I told you that** I didn't know exactly where he lived.

내 입에서 영어가 나올 줄이야!

A: 애론에게 파티에 대해 말을 하라고 했잖아.

B: I must have forgotten. I'll call him right now.

A: Make sure he knows that it starts at 7.

A: **I told you to** tell Aaron about the party.

B: 내가 깜박했었나봐. 지금 당장 전화할게.

A: 7시에 시작한다는 것을 확실하게 알려줘.

You have no idea~
…한다는 것이 어떤 건지 넌 몰라

 만년초보 탈출하기

have no idea를 한 단어하자면 don't know와 같은 의미. 창의적인 아이디어가 없다고 생각하면 안된다. don't know what it's like to~(…하는게 어떤건지 모르다)와 같은 맥락의 표현으로 상대방에게 「넌 …가 뭔지 몰라」라고 말할 때 자주 사용하는 표현. You have no idea 다음에는 의문사(what, how~)+주어+동사를 이어 쓰면 된다.

 큰 소리로 영어문장 말해보기

1. 내가 얼마나 걔를 그리워하는지 넌 모를거야.
   You have no idea how much I miss him.

2. 이게 나한테 얼마나 필요한지 넌 몰라.
   You have no idea how much I need this.

3. 이게 내게 얼마나 중요한 건지 넌 몰라!
   You have no idea what this means to me!

잊어버리기전에 한번 써보기

1. 넌 네가 얼마나 섹시한지 몰라, 그렇지?
   Hint 얼마나 섹시한지: how sexy you are

   ▶ _____

2. 넌 내가 얼마나 스트레스를 받는지 몰라.
   Hint 스트레스를 받다: be under pressure

   ▶ _____

1. **You have no idea** how sexy you are, do you?
2. **You have no idea** what pressure I'm under.

내 입에서 영어가 나올 줄이야!

A: **Cheer up. Your life can't be that terrible.**

B: 내가 얼마나 많은 문제가 있는지 네가 몰라서 그래. 나 지쳤어.

A: **Just take a day off to relax and have some fun.**

A: 기운내. 네 인생이 그렇게 엉망일 리가 없어.

B: **You have no idea** how many problems I have. I'm stressed.

A: 하루 휴가내서 쉬고 좀 즐겨봐.

I want to say~

단지 …라고 말하고 싶어

 만년초보 탈출하기

자기가 말하는 내용을 말하고 싶다는 말로 조심스럽게 자신의 이야기를 말하는 방법이다. 과거형으로 써서 I wanted to say~라고 하면 같은 의미로 과거의 내용을 언급할 수도 있고 혹은 뭔가 변명이나 해명을 통해 오해를 풀고자 할 때 많이 쓰이는 표현. 난 다른 뜻이나 목적이 있는 것이 아니라 say 이하의 말을 하고 싶었을 뿐이었다는 자신의 진심을 말하는데 유용하다. 응용하여 I want you to say~는 I want sb to~ 공식의 한 예로 내가 아니라 「상대방이 …라고 말해주기를 바란다」는 뜻의 표현이 된다.

큰 소리로 영어문장 말해보기

1. 난 내 친구들에게 인사를 하고 싶어.
   I want to say goodbye to my friends.

2. 내가 얼마나 미안한지 다시 말하고 싶을 뿐이었어.
   I wanted to say again how sorry I am.

3. 내가 언제 여기서 나갈 수 있는지 말해줘요.
   I want you to tell me when I can get out of here.

잊어버리기전에 한번 써보기

1. 이런 기회를 준데 정말 고맙다고 말하고 싶었을 뿐이야.
   Hint 이런 기회를 준데 감사하다: thank you for this opportunity

    _____

2. 내가 뭔가 말하고 싶은데 넌 내게 그걸 되묻지 말기 바래, 응?
   Hint 되묻다: say something back

    _____

   1. **I just wanted to say** thank you so much for this opportunity.

   2. **I want to say** something, and **I don't want you to say** anything back, okay?

내 입에서 영어가 나올 줄이야!

A: 내가 여기서 얼마나 즐겁게 일했는지 말하고 싶었어.

B: I'm so sorry that you are going to change jobs.

A: Well, my new job has a much higher salary.

A: **I just wanted to say** how much I've enjoyed working here.

B: 직업을 바꾸다니 유감이야.

A: 음, 새로운 직업이 훨씬 급여가 많아.

I'm just saying that~

내 말은 단지…

만년초보 탈출하기

역시 일상 구어체에서 많이 쓰이는 표현으로 자신이 이미 말한 의도가 제대로 전달되지 않았다고 판단될 경우에 자신이 한 말의 진의가 뭔지를 분명하게 하기 위해 재언급하거나 나아가서는 오해를 풀기 위한 표현. 「그냥 …라는거야」, 「내 말은 단지…라는거야」라는 뉘앙스를 갖는다.

 큰 소리로 영어문장 말해보기

1. 내 말은 단지 그게 위험하다는거야.
   I'm just saying it's dangerous.

2. 걔가 너를 좋아하고 있다는 말이야.
   I'm just saying he likes you.

3. 난 단지 그게 뭔지 알고 있다라는 말이야.
   I'm just saying I know what this is.

잊어버리기전에 한번 써보기

1. 내 말은 단지 내가 너라면 걔를 믿지 않을거라는 말이야.
   Hint 신뢰하다: trust sb

   ▶ _____

2. 난 그냥 토니가 불륜을 저질렀다고 생각하지 않는다는거야.
   Hint 불륜을 저지르다: cheat on sb

   ▶ _____

   1. **I'm just saying** I wouldn't trust him if I were you.
   2. **I am just saying that** I don't think Tony cheated on you.

내 입에서 영어가 나올 줄이야!

A: You really should try to give up smoking cigarettes.

B: It's too difficult. I always start smoking again in a few days.

A: 내 말은 그 때문에 나중에 건강에 문제가 생길거라는거야.

A: 너 정말이지 금연을 시도해봐.

B: 정말 어려워. 늘상 며칠 후면 또 피게 돼.

A: **I'm just saying that** it will cause health problems in the future.

I'm not sure that [what]~

…를 확실히 모르겠어

만년초보 탈출하기

뭔가에 대해 확신할 수 없거나 바로 결정을 내릴 수 없을 경우에 요긴하게 써먹을 수 있는 표현. sure 다음에는 that절이나 의문사절이 오며, 또한 「…인지 (아닌지) 잘 모르겠다」는 의미로 I'm not sure if~도 많이 사용된다. I'm not sure, but~(확실하진 않지만, …)처럼 but을 뒤에 이어서 불확실한 가운데 자신의 의견을 조심스럽게 표명할 수도 있다.

큰 소리로 영어문장 말해보기

1. 그게 사실인지 확실히 모르겠어.
   I'm not sure that it is true.

2. 내가 들은게 맞는 건지 잘 모르겠다.
   I'm not sure what I heard is correct.

3. 그 여자가 동의한다는 건지 나도 잘 모르겠어.
   I'm not sure that she agrees.

📖 잊어버리기전에 한번 써보기

1. 네가 무슨 말을 하고 있는지 잘 모르겠어.
   Hint …에 관해 말하다: talk about

   ▶ _____

2. 오늘 널 만날 시간이 있을지 장담할 수가 없어.
   Hint …할 시간이 있다: have time to + V

   ▶ _____

1. **I'm not sure what** you are talking about.

2. **I'm not sure that** I'll have time to meet you today.

내 입에서 영어가 나올 줄이야!

A: Which currency has the best purchasing power?

B: 확실치 않지만, 엔화인 것 같아요. 이코노미스트 기사에서 읽었습니다.

A: I think you're wrong. I read the same article and I think it was biased.

A: 가장 구매력있는 통화가 뭡니까?

B: **I'm not sure, but** I think it's the yen. I read an article in the *Economist* about it.

A: 제 생각엔 아닌 것 같아요. 저도 같은 기사를 읽었는데 그 기사는 편파적이었던 것 같아요.

응용공식 039

It takes + 시간 + to + V

…하는데 시간이 …만큼 걸린다

만년초보 탈출하기

어떤 업무를 하든, 길을 찾아가든 하여간 뭔가를 하는데 소요되는 시간이 얼마인지를 말할 때 쓰는 것으로 How long does it take~?에 대한 대답으로 적합하다. 「…정도」라는 대략적인 시간을 말할 때는 시간 앞에 about을 써주면 되고 또한 「누가 …하는데 ~정도 시간이 걸린다」는 식으로 그 일을 하는 주체를 나타낼 때는 It takes me about an hour to get to work(나는 출근하는데 한 시간쯤 걸린다) 혹은 It will take about an hour for me to~와 같이 행위의 주체를 for sb 형태로 소요시간 뒤에 써주면 된다.

큰 소리로 영어문장 말해보기

1. 거기 가는데 10분 걸려.
   It takes 10 minutes to get there.

2. 이메일 보내는데 몇분 걸려.
   It takes me a few minutes to send an e-mail.

3. 내가 이런 일을 마치는데 며칠 걸려.
   It takes a few days for me to finish a job like this.

📖 잊어버리기전에 한번 써보기

1. 그 회의장에 도착하는데 30분 걸립니다.
   Hint …에 도착하다: get to + 장소

   ▶ _____

2. 나는 아침마다 출근 준비하는데 약 1시간 걸려.
   Hint 출근 준비하다: get ready for work

   ▶ _____

   1. **It takes** 30 minutes **to** get to the conference center.
   2. **It takes me** about 1 hour **to** get ready for work every morning.

내 입에서 영어가 나올 줄이야!

A: 그 컴퓨터를 수리하는데 시간이 좀 걸릴 것 같은데요.

B: **How long do you think it will take?**

A: **It will probably be at least a week.**

A: **It will take time to repair that computer.**

B: 얼마나 걸릴 것 같나요?

A: 아마 적어도 일주일은 걸릴 걸요.

I can't believe~
…한 것이 믿어지지 않아

 만년초보 탈출하기

예상밖의 일이 갑작스레 생기거나 좀처럼 믿기 어려운 뜻밖의 일이 일어났을 때 놀라움이나 충격을 드러내는(express one's surprise or shock) 표현. 실제로 못 믿겠다는 말이라기 보다는「놀라움을 금치 못하겠다」(be very surprised about something) 정도의 의미. 예를 들어 I can't believe they broke up(걔네들이 헤어졌다니 믿어지지가 않아)은 I'm extremely surprised~로 바꿔쓸 수 있다는 말이다. 이밖에 Can you believe that~?, How can I believe that~?, It's hard to believe~ 등도 무늬는 다르지만 모두 놀라움을 나타낼 때 쓰는 빈출표현들이니 꼭꼭 새겨둘 것!

큰 소리로 **영어문장 말해보기**

1. 그 남자가 그걸 훔쳤다니 믿어지지 않아.
   I can't believe he stole it.

2. 샘이 죽었다니 믿어지지 않아.
   I can't believe Sam died.

3. 우리가 졌다는게 믿어지지 않는다.
   I can't believe we lost.

📖 잊어버리기전에 한번 써보기

1. 메리가 진짜로 가을에 빌과 결혼한다는 것이 믿어지지 않아.
   > Hint …와 결혼하다: get married to sb

   ▶ ....

2. 네가 올해 또 내 생일을 잊었다는게 믿겨지지 않아.
   > Hint 생일을 잊다: forget one's birthday

   ▶ ....

1. **I can't believe** Mary is actually going to get married to Bill in the fall.
2. **I can't believe** you forgot my birthday again this year.

내 입에서 영어가 나올 줄이야!

A: 오후 3시에 불시점검을 하다니 말도 안돼.

B: How ridiculous! They should realize that they are holding up traffic.

A: I guess we'll just have to call Jim and tell him we'll be a little bit late.

A: **I can't believe** they're having a spot check at three o'clock in the afternoon.

B: 말도 안돼! 교통을 방해하고 있다는 것을 알아야지.

A: 짐에게 전화해서 조금 늦는다고 하는 수 밖에 없을 것 같아.

Why don't you~ ?
…하는게 어때?

 만년초보 탈출하기

의문문의 형식을 띠고 있지만 실제로는 상대방에게 뭔가를 제안·권유하는 표현. Why don't you~?는 「…하는게 어때?」, 「…하자」라는 제안이나 권유의 의미로 실용회화에서 빈출도 둘째가라면 서러울 인기 표현. 비교적 가깝고 친밀한 사이에서 사용되는 것이 보통이다.

 큰 소리로 영어문장 말해보기

1. 그거 한번 해보는게 어때?
   Why don't you try it?

2. 우리랑 함께 가지 그래?
   Why don't you join us?

3. 크리스에게 도와달라고 그래.
   Why don't you ask Chris to help you?

잊어버리기전에 한번 써보기

1. 하루 휴가 내서 너희 어머니를 찾아뵙는게 어때?
   Hint 하루 휴가를 내다: take a day off

   ▶ _____

2. 세미나에 가서 이 전단들을 돌리는게 어때?
   Hint 광고 전단지: flyer   (유인물 등을) 돌리다: pass out

   ▶ _____

   1. **Why don't you** take a day off to go and see your mother?
   2. **Why don't you** go to the seminar and pass out these flyers?

내 입에서 영어가 나올 줄이야!

A: 가기 전에 그 자료를 다시 검토해 보는게 어때?

B: I'm sorry, but I just don't have the time.

A: Yes, but if you don't study, you won't be able to explain the information.

A: **Why don't you** review the material before you leave?

B: 미안하지만 그럴 시간이 없어.

A: 어, 하지만 검토를 안 하면 그 정보를 설명할 수가 없잖아.

응용공식 042

when it's time to~
…할 때가 되면

 만년초보 탈출하기

「…을 행할 적절한 시기가 되면」이란 의미. when만 써서 「…할 때」라고 표현하는 것보다 when it's time의 구문을 쓰면 「…해야 할 순번」이나 「차례」를 의미하게 된다. 해야 할 행동은 to+V로 서술해 주고 행동의 주체를 따로 밝히려면 그 앞에 for sb로 표시하면 된다. 경우에 따라서는 to+V 없이 when it's time만 쓰기도 하는데, 이때는 그저 「때가 되면」, 「순서가 되면」이란 의미.

큰 소리로 영어문장 말해보기

1. 화장실을 청소할 때가 되면
   when it's time to clean the restroom

2. 떠날 시간이 되면 내가 알려 줄게.
   When it's time to go, I'll let you know.

3. 회의를 시작할 시간이 되면 내가 전화할게.
   I'll call you when it's time to start the meeting.

잊어버리기전에 한번 써보기

1. 걔와 헤어질 때가 된 것 같아.
   Hint 헤어지다: break up with
   ▶ _____

2. 당신이 진찰받을 차례가 되면 이름을 부를게요.
   Hint 부르다: call out
   ▶ _____

   1. It seems like **it's time to** break up with her.
   2. **When it's time for you to** see the doctor, I'll call out your name.

내 입에서 영어가 나올 줄이야!

A: When will the cars be auctioned off? I want to pick up that convertible.
B: After the rest of the stuff is sold. We always do the cars last.
A: 차에서 기다리고 있을게요. 순서가 되면 와서 알려줘요.

A: 자동차경매는 언제 열리나요? 저 컨버터블 자동차를 사고 싶거든요.
B: 나머지 물건이 팔린 후에요. 자동차는 항상 마지막에 경매를 하거든요.
A: I'll be waiting inside the car. Come and get me **when it's time**.

I'm done with~

…을 끝냈어

 만년초보 탈출하기

'끝내다,' '마치다'하면 바로 떠오르는 그리고 실제 많이 사용되는 단어는 finish이다. 하지만 그에 못지 않게 be done with가 같은 의미로 또한 엄청 많이 사용된다. 또한 finish처럼 be done with~는 다음에 음식이 나오면 「…을 다 먹었냐?」그리고 사람이 나오면 「…와 헤어지다」라는 의미로도 쓰인다. 또한 finish 다음에는 명사 혹은 동사의 ~ing가 쓰인다는 점에 주의한다.

큰 소리로 영어문장 말해보기

1. 난 결혼생활 끝냈어.
   I'm done with this marriage.

2. 내가 선택을 마쳤어.
   I'm done with my choices

3. 방금 그걸 끝냈어.
   I have just finished it.

📖 잊어버리기전에 한번 써보기

1. 이 지시사항을 이해 못하겠어. 그만할테야!
   `Hint` 지시사항: directions

   ▶ ....

2. 괜찮으면 설거지 마무리하는거 도와줄게.
   `Hint` 설거지하다: do[wash] the dishes

   ▶ ....

   1. I can't understand these directions. **I'm done with this!**
   2. Let me help you **finish wash**ing the dishes, if you don't mind.

내 입에서 영어가 나올 줄이야!

A: I thought you were trying to lose weight.

B: 다이어트 이제 그만뒀어. 아무리 해도 살이 빠지지 않아.

A: You should try to exercise several times a week.

A: 난 네가 몸무게를 빼려고 하는 걸로 알고 있었어.

B: **I'm done with** diets. I never seem to get thinner.

A: 일주일에 여러 번 운동을 해봐.

응용공식 044

I have never been to~

한번도 …에 가본 적이 없어

 만년초보 탈출하기

'경험'을 나타내는 현재완료를 이용한 표현으로 never가 들어가 「…에 가본 적이 없다」를 의미한다. 반대로 have been to하면 「…에 가본 적이 있다」라는 뜻. 예전에는 아주 가버렸다는 의미의 have gone to와 의미구별을 중요시하였으나 최근 미국 구어체에서 대강 의미구분이 혼용되고 있으니 너무 엄격하게 구분하지 않도록 한다. 특히 이런 경험은 기간이 좀 된 것을 뜻하는 것으로 착각할 수도 있는데 잠깐 화장실 갔다 온 친구에게 Where have you been?(어디 갔다왔어?)이라고 할 수도 있는 표현이라는 것을 기억해둔다. 또한 꼭 물리적인 장소가 아니라 추상적인 상태를 말하기도 한다.

큰 소리로 영어문장 말해보기

1. 전에 여기에 와봤어.
   I've been to this place before.

2. 전에 총각파티에 가본 적이 없어.
   I've never been to a bachelor party before.

3. 전에 사랑해본 적 있어?
   You've been in love before?

📖 잊어버리기전에 한번 써보기

1. 난 다른 남자와 사귀어본 적이 없어. 사실이야.
   Hint 다른 남자와 사귀다: be with another man

   ▶ _____

2. 피터가 자기 엄마 묘소에 한번도 가지 않은거 알아?
   Hint …의 무덤: one's grave

   ▶ _____

1. **I have never been with** another man. That is the truth.

2. Do you know that Peter**'s never been to** his mother's grave once?

내 입에서 영어가 나올 줄이야!

A: 난 외국에 가본 적이 없어. 너는?

B: Yeah, I spent a few years living in Australia.

A: Oh, wow! I'd love to live in a country like Australia!

A: **I have never been to** another country. Have you?

B: 어, 난 호주에서 몇 년 살았어.

A: 와! 호주 같은 나라에서 살아보고 싶어!

응용공식 045

I'll check if~

…인지 알아볼게요

만년초보 탈출하기

상대방의 물음에 대해 확실한 정보를 줄 수 없거나 마음의 결정을 하지 못한 경우 좀 더 알아보고 확답을 주겠다는 의미의 시간벌이용 표현. 이때 「확인하다」, 「알아보다」의 check 따로, 「…인지 아닌지」의 if 따로, 이렇게 따로따로 외우지 말고 I'll check if~가 한 호흡으로 자연스럽게 나오게끔 연습해두자. Let me check if~, Let me see if~ 등도 같은 맥락의 표현. 또한 제 3자에게(sb) 물어봐서 필요한 정보를 얻으려고 할 때는 「…인지 ~에게 물어볼게요」라는 의미의 I'll ask sb if[whether]~를 쓰면 된다.

큰 소리로 영어문장 말해보기

1. 상황이 괜찮은지 알아볼게.
   I'll check if it's OK.

2. 그 여자가 사무실에 있는지 알아볼게.
   I'll check if she's in the office.

3. 조에게 시간여유가 있는지 물어볼게요.
   I'll ask Joe if he's available.

잊어버리기전에 한번 써보기

1. 그 사람이 그 일을 끝냈는지 알아볼게요.
   Hint 그 일에 대해서: on the project

    _____

2. 새로운 회계 프로그램을 작동시키는 방법을 알고 있는지 짐에게 물어볼게요.
   Hint 작동시키다: operate

    _____

   1. **I'll check if** he's finished working on the project.
   2. **I'll ask Jim if** he knows how to operate the new accounting program.

내 입에서 영어가 나올 줄이야!

A: Do you know what time the train leaves?

B: 인터넷에 시간표가 떠있는지 확인해볼게.

A: Thanks. That would help me out a lot.

A: 그 열차가 몇시에 떠나는지 아니?

B: **I'll check if** the timetable is listed on the Internet.

A: 고마워. 그렇게 해주면 도움이 많이 될거야.

You'll be sorry if~
…하면 후회하게 될거야

만년초보 탈출하기

상대방에게 경고나 주의를 줄 때 사용하는 표현. You'll be sorry about~ 혹은 You'll be sorry if 주어+동사의 형태로 쓰이며 about이나 if 이하에 하면 안 되는 행동을 말하면 된다. 여기서 sorry는 미안하다라는 뜻이 아니라 후회하게 될 것을 뜻한다. 단독으로 You'll be sorry later(나중에 후회할거야)로 쓰이기도 한다.

큰 소리로 영어문장 말해보기

1. 날 놀린 걸 후회하게 될거야.
   You'll be sorry about teas**ing** me.

2. 대학에 가지 않으면 후회하게 될거야.
   You'll be sorry if you don't go to university.

3. 선생님말씀 안들으면 후회하게 될거야.
   You'll be sorry if you don't obey your teacher.

📖 잊어버리기전에 한번 써보기

1. 앞으로 돈이 필요할 때 후회할거야.
　Hint 미래에: in the future

　 _____

2. 내 스마트폰 망가트린거 후회하게 될거야.
　Hint 망가트리다: break~

　 _____

　1. You'll be sorry if you need money in the future.
　2. You'll be sorry about break**ing** my smartphone.

내 입에서 영어가 나올 줄이야!

A: Did you give your sister a birthday gift?

B: No, I completely forgot her birthday this year.

A: 걔가 네게 화내면 넌 후회하게 될거야.

A: 너 여동생에게 생일선물 줬어?

B: 아니, 난 금년에 걔 생일을 깜박 잊었어.

A: You'll be sorry if she gets angry at you.

응용공식 047

I won't let it happen~

다시는 그러지 않을게

 만년초보 탈출하기

뭔가 잘못을 저지르고 나서 혼나는 장면에서 빨리 다시는 그러지 않겠다고 다짐하는 전형적인 표현으로 입에 달달 외워두어야 한다. 쓰이는 표현 공식 또한 딱 정해져 있다. 주어를 나로 해서 「다시는 그런 일이 없도록 하겠다」라는 의미로 I won't let it happen again, 그리고 반대로 상대방에게 「다시는 그런 일이 없도록 하라」고 경고를 할 때는 Don't let it happen again이라고 하면 된다.

큰 소리로 영어문장 말해보기

1. 다신 그런 일 없을거예요. 약속해요.
   I promise I won't let it happen again.

2. 미안해, 다신 그런 일 없을거야.
   I'm sorry. I won't let it happen **again.**

3. 그럼, 다신 그런 일 있으면 안 돼, 알았지?
   Well, just don't let it happen **again, okay?**

📖 잊어버리기전에 한번 써보기

1. 다신 그러지마! 걱정했잖아.
   Hint 걱정하다: be worried

   ▶ _____

2. 죄송해요 엄마. 다시는 안 그럴게요.
   Hint 죄송하다: be sorry

   ▶ _____

1. **Don't let it happen** again! I was worried.
2. I'm sorry Mom. **I won't let it happen** again.

내 입에서 영어가 나올 줄이야!

A: This is the third time you forgot to take out the garbage.

B: 미안, 완전 깜박했어. 다시 그러지 않을게.

A: You need to pay more attention to your responsibilities.

A: 너 쓰레기 갖다 버리는거 잊어버린게 벌써 3번째야.

B: Sorry, I totally forgot. **I won't let it happen** again.

A: 네가 해야 할 일에 더 좀 신경을 써야 돼.

응용공식 048

be supposed to~
…하기로 되어 있다

만년초보 탈출하기

우리말로 「…하기로 되어 있다」로 옮겨지는 구어체 표현으로 실제 일상대화에서 아주 빈번히 사용되는 숙어. 주어가 의무(duty), 책임(responsibility), 법(law), 약속 및 평판(reputation) 등을 근거로 「…을 하는 것이 강하게 기대된다」는 의미이다. 이런 기본 개념을 명확히 해두면 be supposed to를 이용한 문장을 쉽게 이해할 수 있으며 나아가 스스로 직접 사용해 볼 수 있는 경지에 다다를 수 있을 것이다.

큰 소리로 영어문장 말해보기

1. 정류장에 나와있기로 되어 있다
   be supposed to be at the stop

2. 이걸 너한테 주기로 되어 있다
   be supposed to give this to you

3. 이 보고서 내일까지 끝내기로 되어 있다
   be supposed to finish this report by tomorrow

📖 잊어버리기 전에 한번 써보기

1. 난 점심식사에 캐리를 태우고 가기로 되어 있어.
   `Hint` ...를 태우고 가다: pick sb up

   ▶ _____

2. 자동적으로 꺼진다고 되어 있는데 내 기계는 안 그래요!
   `Hint` (전원, 불 등이) 꺼지다: turn off

   ▶ _____

1. **I'm supposed to** pick Carrie up at lunchtime.

2. **It is supposed to** turn off automatically, but my machine doesn't!

내 입에서 영어가 나올 줄이야!

A: 선적품이 늦어지면 어떻게 해야 되죠?

B: You should report the delay to your immediate supervisor.

A: I see. What if the shipment arrives on time, but it's damaged?

A: What am I supposed to do if the shipment is late?

B: 직속 상사에게 지연되는 것을 보고해야 돼요.

A: 알겠어요. 선적품이 제 때에 도착했지만 파손되어 있다면 어떻게 하죠?

Are you saying that~?

…라는 말인가요?

만년초보 탈출하기

의문문의 형식을 빌어 상대방이 말하는 내용을 다시금 확인하는 표현. 방금 들은 얘기가 언뜻 이해되지 않거나(when you cannot understand something exactly) 혹은 재차 확인하고 싶을 때(when you want to reconfirm something) 사용한다. 또한 할 얘기를 못하고 변죽만 울려대는 (beat around the bush) 사람에게 「그렇담 네 얘기는 …란 말이니?」라며 핵심을 콕 찍어 다그칠 때도 이 표현을 사용한다.

큰 소리로 영어문장 말해보기

1. 너는 전혀 몰랐다는 말이니?
   Are you saying that you never knew?

2. 이해할 수 없다는 얘기야?
   Are you saying that you can't understand?

3. 저를 채용 안하겠다는 말씀이죠?
   Are you saying that you're not going to hire me?

📖 **잊어버리기전에 한번 써보기**

1. 여길 그만두고 다른 직장을 찾아보라는 말씀이세요?
   `Hint` …을 찾다: look for

   ▶ _____

2. 회사에서 저의 치료비를 지불하지 않을거란 말씀이십니까?
   `Hint` 의료비: medical bill

   ▶ _____

1. **Are you saying** I should leave this place and look for another job?
2. **Are you saying that** the company won't pay my medical bills?

내 입에서 영어가 나올 줄이야!

A: I think we should start over from the beginning.

B: 그러니까 지금까지 한게 다 소용없었다는거야?

A: Not at all, we've learned a lot.

A: 처음부터 다시 시작해야 한다고 생각해.

B: **Are you saying that** all this work was for nothing?

A: 전혀 아니야, 우리는 많은 걸 배웠어.

응용공식 050

Do you want me to~ ?

내가 …할까?

만년초보 탈출하기

상대방이 원하는 바를 센스있게 미리 간파해서 선수를 치는 표현. 상대방에게 강하게 부탁하거나 명령의 의미를 갖는 I want you to+V(네가 …해주길 바란다) 구문을 의문형으로 변형시킨 것으로 상대방이 나에게 I want you to~라고 요구사항을 밝히기 전에 사용하는 것이 포인트. 예를 들어 상대가 도움이 필요해 보이면 먼저 Do you want me to help you?라고 물어보라는 말이다. 한편 상대가 나에게 원하는 것이 무엇인지를 묻고 싶다면 What do you want me to~?라 하면 된다.

 큰 소리로 영어문장 말해보기

1. 하나 더 주문할까요?
   Do you want me to **ask for another?**

2. 제가 나갈까요?
   Do you want me to **get out of here?**

3. 내가 네 친구가 되어줄까?
   Do you want me to **be your friend?**

📖 잊어버리기전에 한번 써보기

1. 이메일로 보낼까요, 아니면 팩스로 보낼까요?
   Hint 팩스를 보내다: send out a fax

    ....

2. 세미나 준비하는거 내가 도와줄까?
   Hint 세미나를 준비하다: prepare for the seminar

    ....

   1. **Do you want me to** send out an email or a fax?
   2. **Do you want me to** help you prepare for the seminar?

내 입에서 영어가 나올 줄이야!

A: Please have a handout ready to distribute at the meeting on Monday.

B: 물론이죠. 신제품군 계획을 포함시킬까요?

A: No, that's all right. I'll handle that later.

A: 월요일 회의에서 나누어 줄 유인물을 준비해 두길 바래요.

B: Sure, **do you want me to** include the plans for the new product line?

A: 아뇨, 그건 괜찮아요. 그건 제가 나중에 알아서 처리하겠어요.

Don't you think (that)~?

…라고 생각하지 않니?

만년초보 탈출하기

자신의 의견이나 생각을 강하게 전달하면서 상대방의 동의를 구하는 구문. 부정의문문이므로 대답에 주의해야 하는데, 답하는 사람의 입장에서 긍정이면 Yes, 부정이면 No로 대답한다. 예를 들어 Don't you think he is strange?(그 남자 이상하다는 생각 안드니?)라고 물었을 때 「이상하다」고 생각한다면 Yes, I do(=I think so), 아니라면 No, I don't(=I don't think so). 또한 자신의 의견을 장황하게 늘어놓고는 Don't you think (so)?를 덧붙여 「그렇게 생각하지 않니?」라고 상대의 의중을 떠볼 수도 있다.

큰 소리로 영어문장 말해보기

1. 크리스가 그걸 알거라고 생각하지 않아요?
   Don't you think Chris knows that?

2. 그 사람이 믿을 만하다고 생각하지 않나요?
   Don't you think he's trustworthy?

3. 이번엔 걔 말이 틀린 것 같지 않아?
   Don't you think she's wrong this time?

잊어버리기전에 한번 써보기

1. 이 일을 하기에 그 여자애들이 좀 너무 어린 것 같지 않니?
   Hint 다소, 약간: a little

   ▶ _____

2. 결국엔 모든 것이 잘 해결될거라고 생각되지 않아요?
   Hint 결국에는: in the end   모두 잘 해결되다: all work out

   ▶ _____

   1. **Don't you think** the girls are a little too young for this work?
   2. **Don't you think that** it will all work out in the end?

내 입에서 영어가 나올 줄이야!

A: Could you tell me what Hee-Jeong's number is?

B: 그 애가 그 편지를 받을 때까지 기다렸다가 전화해야 한다고 생각하지 않니?

A: No, I really want to call her right away.

A: 희정이 전화번호 좀 가르쳐줄래?

B: **Don't you think that** you should wait and call her after she gets the letter?

A: 그렇지 않아, 나 정말이지 지금 당장 걔한테 전화하고 싶어.

How come S + V?

어째서 …해?

만년초보 탈출하기

이유를 묻는 구문으로 의문문임에도 불구하고 주어·동사의 도치없이 S+V의 어순이 유지된다는 점에서 영어를 외국어로 배우는 우리에겐 Why~? 보다 부담없이 쓸 수 있는 표현. 여기서 동사 come은 「…이 발생하다」(happen)란 뜻으로 How can it be that~?, How did it happen that~? 등으로 바꿔 쓸 수도 있다. 그냥 간단히 How come?이라고만 해도 「어째서?」(How did that come about?, Why?)라며 사건의 연유를 묻는 훌륭한 useful expression!

큰 소리로 영어문장 말해보기

1. 왜 우리가 그 여자를 못 만나는거야?
   How come we can't see her?

2. 그 남자는 왜 그렇게 슬퍼보이는거야?
   How come he looks so sad?

3. 걔는 왜 어젯밤 안 왔대?
   How come he didn't show up last night?

잊어버리기전에 한번 써보기

1. 왜 자꾸 전화하는거야? 난 너와 얘기하고 싶지 않다고.
   Hint 계속 …하다: keep ~ing

   ▶ _____

2. 어째서 걔만 새 노트북을 받고 다른 사람은 전부 못받는거야?
   Hint 그밖에 딴 사람은 아니다[못하다]: no one else

   ▶ _____

1. **How come** you keep calling me? I don't want to talk to you.

2. **How come** he gets a new laptop computer and no one else does?

 **내 입에서 영어가 나올 줄이야!**

A: 이번 주말 회의에 어째서 안오려고 하는거야?

B: I have to attend a funeral for a former colleague.

A: I'm sorry to hear about your friend.

A: **How come** you aren't coming to the conference this weekend?

B: 회사 동료였던 사람의 장례식에 가봐야 하거든.

A: 네 친구 이야기를 듣고 보니 안됐구나.

I can't wait to~
빨리 …하고 싶어

 만년초보 탈출하기

뭔가를 너무나 하고 싶어서 안달이 났을 때 사용하는 표현으로 부정의 형태를 띠고 있지만 내용은 강한 긍정. 글자 그대로 해석해서 「기다릴 수 없다」라고 옮기기 보다는 can't에 액센트를 주어 「어서 빨리…하고 싶어 도저히 참을 수 없다」, 즉 「…하고 싶어 못 견디겠다」, 「…하기를 손꼽아 기다린다」로 이해해야 한다. 물론 to 뒤에는 동사원형이 따라오며 유사표현으로 I'm very excited to+V, I'm anxious to+V, I'm eager to+V, 그리고 I'm dying to + V(…하고 싶어 죽겠다) 등이 있다.

큰 소리로 영어문장 말해보기

1. 널 빨리 만나고 싶어.
   I can't wait to see your face.

2. 빨리 거기 가고 싶어.
   I can't wait to get there.

3. 빨리 점심 먹고 싶어.
   I can't wait to eat lunch.

📖 잊어버리기전에 한번 써보기

1. 어서 빨리 이 회사를 떠나 더 좋은 직장을 구하고 싶어.
   `Hint` 더 좋은 직장을 구하다: find a better job

   ▶ ....

2. 이번 달 말에 휴가 가는게 너무 기다려져.
   `Hint` 휴가를 가다: go on vacation

   ▶ ....

   1. **I can't wait to** leave this company and find a better job.
   2. **I can't wait to** go on vacation at the end of the month.

내 입에서 영어가 나올 줄이야!

A: 우리가 깜짝 파티를 열어줬을 때 걔 얼굴 표정이 어떨지 궁금해 죽겠어.

B: Do you think anybody has told him?

A: I'm pretty sure they've kept it a secret.

A: I can't wait to see the look on his face when we throw a surprise party for him.

B: 그 사람에게 누가 말했을까?

A: 다들 틀림없이 비밀을 지켰을거야.

응용공식 054

I agree that~, but~
…에는 동의해요. 하지만…

만년초보 탈출하기

I'd love to, but~이 상대방의 제안을 정중히 거절하는 효과적인 방법이라면 I agree that~, but...은 상대방의 의견을 존중하면서 상대방과 다른 자신의 의견을 말하는 비법(?). 일단 동의(I agree)하여 상대방을 안심시키고 나서 but 이하에 자신의 견해를 피력하는 고도의 화법이다. 상대의 생각이 나와 다르다고 해서 무턱대고 「그게 아니야」하며 직설적으로 내뱉기보다는 상대방도 존중하도록 하자. 중요한 건 결과니까 말이다.

 큰 소리로 영어문장 말해보기

1. 비싸다는 건 동의하지만, 그럴 가치가 있어.
   I agree that it's expensive, **but** it's worth it.

2. 걔가 똑똑하다는 건 동의하지만, 부주의할 때가 있어.
   I agree that he's smart, **but** he can be careless.

3. 휴식이 필요하다는 건 동의하지만, 지금은 아니야.
   I agree that we need a break, **but** not right now.

📖 잊어버리기전에 한번 써보기

1. 그 사람이 실수했다는 것에는 동의하지만, 해고해서는 안돼.
   Hint 해고하다: fire

   ▶ _____

2. 우리가 작은 회사라는 점에는 동의하지만 우리가 그 일을 처리할 능력은 있어.
   Hint 그 일을 잘 해내다: handle the job

   ▶ _____

   1. **I agree that** he made a mistake, **but** we shouldn't fire him.
   2. **I agree that** we are a small company, **but** we can handle the job.

내 입에서 영어가 나올 줄이야!

A: 그가 일을 훌륭히 잘 해냈다는데에는 동의하지만, 공을 전부 그가 가져가서는 안돼.

B: You've got a point there.

A: He wouldn't have come this far without his team.

A: **I agree that** he did a great job, **but** he doesn't deserve all the credit.

B: 당신 말에 일리가 있어요.

A: 팀 전체의 힘이 없었다면, 그 사람 혼자서 이 정도로 잘 할 수는 없었겠죠.

응용공식 055

I was told that~

…라고 들었어요

만년초보 탈출하기

주로 말한 사람을 정확히 찍어 밝힐 필요가 없을 때 쓰는 표현. 「배웠다」(learn)는 의미를 갖는 be taught와 마찬가지로 I was told 역시 'be + p.p.' 형태로 직역하면 「말해졌다」지만 실제로는 「들었다」, 즉 I heard와 비슷한 의미. 허나 자신보다 조금 윗사람에게 지시받는 내용을 말하는 뉘앙스가 있다는 점에서 I heard와는 차이가 있다. 따라서 I was told 뒤에는 다소 진지하고(serious) 공식적인(formal) 내용이 뒤따라오는 반면 I heard 다음에는 소문같은 비공식적이고 일상적인 내용이 나오는 것이 일반적이다.

큰 소리로 영어문장 말해보기

1. 회의가 취소됐다고 들었어.
   I was told that the meeting was canceled.

2. 그녀가 뉴욕으로 이사 갔다고 들었어.
   I was told that she moved to New York.

3. 이 책이 아주 유용하다고 들었어.
   I was told that this book is very helpful.

📖 잊어버리기 전에 한번 써보기

1. 내일 그 의사 예약을 할 수 있다고 들었거든요.
   `Hint` 의사와 예약하다: book a doctor's appointment

   _____

2. 한 명 더 채용한다고 들었어.
   `Hint` 한 명 더 채용하다: hire another person

   _____

1. **I was told that** I could book a doctor's appointment for tomorrow.

2. **I was told that** you're hiring another person.

내 입에서 영어가 나올 줄이야!

A: Do you know what time the meeting begins tomorrow morning?

B: 8시 30분에 시작한다고 들었는데요.

A: Well, I'll probably show up a bit earlier to get ready.

A: 내일 아침 회의가 언제 시작되는지 아시나요?

B: I was told that it starts at eight-thirty.

A: 그럼, 준비하려면 좀 더 일찍 나와야겠군요.

응용공식 056

Is it all right if~ ?

…해도 괜찮을까요?

 만년초보 탈출하기

if 이하의 행위를 해도 될지 허가를 요청하거나 동의를 구할 때 사용하는 표현으로 all right 대신 OK가 와도 된다. 부탁할 내용은 if 이하에 S+V 형태로 이어주거나 Is it all right to use your cellular phone?(네 핸드폰 좀 써도 되니?)처럼 to+V를 써준다. 이때 대답으로는 허가할 경우엔 Sure, Yes, Of course, Certainly로, 허가하지 않을 때는 I'm afraid not, I don't think so 등으로 말할 수 있다. Would you mind if~?, May I~?, Can I~?, Could I~?, Is it possible to~? 등도 역시 허락을 구하는 표현이라는 점에서 맥을 같이 하는 표현들이다.

큰 소리로 **영어문장 말해보기**

1. 담배 피워도 괜찮겠습니까?
   Is it all right if **I smoke?**

2. 전화 드려도 괜찮을까요?
   Is it all right if **I call you?**

3. 늦어도 괜찮을까요?
   Is it all right if **it's late?**

잊어버리기전에 한번 써보기

1. 캠퍼스 사진 몇 장 찍어도 될까요?
   Hint 사진찍다: take a picture

   ▶ ....

2. 그 사람들에게 그 시설을 보여줘도 괜찮을까요?
   Hint ...에게 ~을 구경시키다: give sb a tour of

   ▶ ....

1. Is it all right if I take a few pictures of the campus?

2. Is it all right if we give them a tour of the facility?

내 입에서 영어가 나올 줄이야!

A: 휴가 동안 뉴욕에서 며칠 더 머물러도 괜찮아요?

B: It's okay, as long as you're back on Monday morning.

A: Thank you very much.

A: Is it all right if I stay in New York for a few more days for a vacation?

B: 월요일 아침에 돌아온다면야 괜찮죠.

A: 정말 고마워요.

응용공식 057

It is+형용사+for sb to~

…가 ~하는 것은 …하다

 만년초보 탈출하기

오랫동안 달달 외워온 It is+형용사+to+V 구문. 이걸 모르는 사람이 어디 있으랴만 실제 원어민과의 대화에서 단 한번이라도 사용해본 사람은 과연 얼마나 될까? 가주어가 It이고 의미상의 주어가 뭐고… 등등의 문법적 분석은, 그리고 그 부질없는 암기는 다 집어치워라! 어른이 된 이제는 이 구문을 자기 이름처럼 입에서 절로 나오게 하고 그 다음 이를 토대로 다양한 상황을 가정하여 수백 수천의 문장을 만들어 보는 것이 백만배 천만배 중요하다는 사실을 깨닫자.

✏ 큰 소리로 **영어문장 말해보기**

1. 네가 그 일을 하기는 어려워.
   It's hard for you to do the job.

2. 그 여자가 저런 복장을 하는 건 우스꽝스러워.
   It's ridiculous for her to wear that outfit.

3. 작별인사를 하는건 절대로 쉽지 않아.
   It's never easy to say goodbye.

잊어버리기전에 한번 써보기

1. 지금 다른 직장을 찾는 건 쉽지 않아.
   Hint 다른 직장을 구하다: find another job

   ▶ _____

2. 넌 왜 항상 변명을 늘어놓는지 이해하기 힘들어.
   Hint 변명을 하다: make excuses

   ▶ _____

   1. **It's not easy for** us **to** find another job right now.
   2. **It's difficult for** me **to** understand why you always make excuses.

내 입에서 영어가 나올 줄이야!

A: 저에게 이 일을 다하라니 불공평하네요.

B: I don't think so. We need to get ready for the meeting with the company ASAP.

A: Yes, but don't you think other people should help out too?

A: **It is unfair for you to** give me all this work to do.

B: 그렇게 생각 안해. 우린 그 회사와의 회의준비를 가능한 빨리 해야 돼.

A: 그렇긴 하지만 다른 사람들도 도와줘야 한다고 생각하지 않으세요?

응용공식 058

make time for~ [to~]

…할 시간을 내다

만년초보 탈출하기

요즘 같이 바쁜 세상에서 「시간을 낸다」는 것은 빡빡한 일정 속에서 「시간을 만들어 내는 것」에 다름 아닐터. 그래서 time과 「만들어내다」란 동사 make가 결합한 이 표현은 누군가와 함께 보낼, 혹은 어떤 일을 하기 위한 「여유 시간을 마련하다」란 의미. 다음, 시간을 내는 구체적인 상황 내지는 연유는 for+N, 혹은 to+V로 나타내면 된다.

큰 소리로 영어문장 말해보기

1. 재밌게 놀 시간을 내다
   make time for fun

2. 아이들과 지낼 시간을 내다
   make time for the kids

3. 영화 볼 시간을 내다
   make time for movies

📖 잊어버리기전에 한번 써보기

1. 우리와 회의할 시간이 없는게 분명해요
   Hint ...가 분명하다: It's clear that S+V

   ▶ _____

2. 우리 엄마는 스스로 뭔가를 할 시간을 좀 내야 해.
   Hint 스스로 뭔가를 하다: do things on one's own

   ▶ _____

   1. It's clear they can't **make time for** a meeting with us.
   2. My mother needs to **make time to** do things on her own.

내 입에서 영어가 나올 줄이야!

A: 이번 주에 저한테 시간 좀 내주실 수 있으세요?

B: I think so. How about having dinner on Thursday night?

A: Great. I'll meet you downstairs in the lobby, and we can take my car to the restaurant.

A: Can you **make time for** me sometime this week?

B: 그러죠 뭐. 목요일 밤에 저녁식사 하는 건 어때요?

A: 아주 좋죠. 아래층 로비에서 만나서 제 차로 그 레스토랑에 가도록 하죠.

That's why S + V

바로 그래서 …하다

만년초보 탈출하기

「…하는 이유가 바로 그거다」(That's the reason that~)란 의미로 why 뒤에는 현재 이미 펼쳐진 행동 등 '결과'가 되는 내용이 와야 한다. 그리고 그 결과에 대한 '이유'는 That's why~를 말하기에 앞서 먼저 밝혀주도록 한다. 이유는 자신이 말해도 되지만 상대방이 말할 수도 있다. 예를 들어 상대방이 Jane is very gorgeous라고 하면 That's why I like her이라고 맞장구쳐 준단 얘기. 표현 중간에 exactly를 추가하여 That's exactly why~라고 하면 「바로 그거야」란 느낌이 좀 더 강조된다.

큰 소리로 영어문장 말해보기

1. 그래서 당신이 떠나시는거군요.
   That's why you go away.

2. 바로 그것 때문에 그 여자가 전화했던거야.
   That's exactly why she called.

3. 그래서 사장이 화가 났던거야.
   That's why the boss was angry.

잊어버리기전에 한번 써보기

1. 그래서 아침 일찍 회의를 하기로 정했던 겁니다.
   Hint ...하기로 결정하다: arrange to

   ▶ _____

2. 그래서 우리 컴퓨터 시스템에 쓸 새 소프트웨어를 구입하기로 결정했던 겁니다.
   Hint ...에 쓰려고 ~을 사다: get sth for

   ▶ _____

   1. **That's why** we arranged to have the meeting early in the morning.

   2. **That's why** he decided to get new software for our computer system.

내 입에서 영어가 나올 줄이야!

A: How do you usually commute to and from work?

B: I prefer to drive to work, but parking downtown costs an arm and a leg.

A: 그래서 내가 차를 집에 두고 전철을 타는거야.

A: 보통 출퇴근은 어떻게 해?

B: 차로 출근하는 것을 더 좋아하지만 시내에 주차하려면 돈이 너무 많이 들어서 말야.

A: **That's why** I leave my car at home and take the subway.

응용공식 060

There's no way that~

…할 방법이 없다, …일 수는 없다

 만년초보 탈출하기

말하는 이의 단호한 거절이나 부정을 나타내는(show strong refusal or opposition) 표현. '강력 부정'의 no way가 There's와 that절 사이에 와서 that 이하의 상황이 일어나기란 도저히 불가능하다는 뜻을 담고 있다. 현재 혹은 가까운 미래 상황에 대한 부정이므로 that 이하의 시제는 미래(be going to, will)가 온다. There's no way that corruption is going to disappear from Korean politics(한국 정치에서 부정부패가 사라질 수는 없다)처럼 애시당초 말이 안 되는 상황을 언급할 때 쓰면 된다. that 절 대신 to+V를 이용할 수도 있으며, 참고로 누군가에게 부탁을 받았을 때 No way!라고 대답하면 매우 단호한 거절의 표현.

큰 소리로 영어문장 말해보기

1. 해낼 방법이 없어.

   There's no way that **we'll make it.**

2. 내가 떠날 수가 없어.

   There's no way that **I'm leaving.**

3. 시간에 맞출 방법이 없어.

   There's no way that **we'll be on time.**

📖 잊어버리기전에 한번 써보기

1. 그것이 진품인지 아니면 사실은 모조품인지 구별할 방법이 없다.
   Hint 모조품: fake   ...인지 구별하다: tell if~

   ▶ _____

2. 올해 소득세를 지불할 수 있는 방법이 없어.
   Hint 소득세: income tax

   ▶ _____

   1. **There's no way to tell if** it is an original or if it is actually a fake.
   2. **There's no way that** I'm going to be able to pay my income tax this year.

내 입에서 영어가 나올 줄이야!

A: 그 사람이 우리 회사를 그만둘 리가 없어요.

B: Are you sure? I think his mind is made up. We'll just have to persuade him.

A: That's easier said than done.

A: **There's no way that** he's going to quit our company.

B: 확실한거예요? 그 사람 결심이 굳은 것 같던데요. 우리가 설득해야 돼요.

A: 말이야 쉽죠.

응용공식 061

What do you mean by + ~ing?

…는 무슨 뜻이죠[의도죠]?

 만년초보 탈출하기

상대방의 말에 의문을 제기하거나 반박할 때 쓰는 표현. by 뒤에 상대방이 방금 한 말을 그대로 옮겨 붙여 「…라니 무슨 얘기죠?」, 또는 「…라니요?」하고 그런 말을 한 의도를 묻거나, 표면적인 의미가 아닌 그 진정한 의미가 무엇인지를 묻는 표현이다. 상대방의 말을 간단히 that으로 처리해 What do you mean by that?이라고 해도 되고 또한 by 이하를 생략하고 그냥 What do you mean?이라고 말해도 된다.

큰 소리로 **영어문장 말해보기**

1. 그런 말을 하는 의도가 뭐죠?
   What do you mean by **saying so?**

2. 그 질문을 한 건 무슨 의도죠?
   What do you mean by **asking that question?**

3. 내 선물을 돌려준다니 그게 무슨 말이야?
   What do you mean by **returning my gift?**

📖 잊어버리기전에 한번 써보기

1. 나만 해고됐다는게 무슨 뜻이죠?
   Hint 해고당하다: get fired

    _____

2. 공장이 문을 닫아야 할지도 모른다니 그게 무슨 얘기죠?
   Hint 공장: plant

    _____

   1. **What do you mean by say**ing **that I'm the only one who got fired?**
   2. **What do you mean by say**ing **that the plant may be closed?**

내 입에서 영어가 나올 줄이야!

A: 내가 내 일을 좋아하지 않는다고 모두에게 말하는 의도가 뭐야?

B: Well, you never smile, so I just figured you were unhappy here.

A: Well, you figured wrong, okay?

A: **What do you mean by tell**ing **everyone that I don't like my job?**

B: 그건, 네가 전혀 웃지를 않으니까 여기서 만족하지 않는다고 생각했던거야.

A: 그럼, 네가 잘못 생각한거야, 알겠어?

응용공식 062

be the one who~
…하는 사람

 만년초보 탈출하기

상대방이나 제 3자에 대한 평가나 판단을 하면서 쓸 수 있는 표현. 형태는 sb be the person who~ 혹은 sb be the one who~ 라고 한다. 조금 더 응용하면 be the one to+V라고 써도 되며, 또 「…하는 최초의 사람이다」라고 표현하려면 be the first one to 혹은 be the first to~ 라고 하면 된다. 빈출표현인 I'm the one who~(…하고 싶은 사람은 나다), 그리고 You're the one who~(네가 …한 사람이야) 등은 입에 착 달라 붙도록 큰소리로 읽으면서 암기한다.

1. 그걸 끝낸 건 너야, 알아?
   You're the one who ended it, remember?

2. 최종승자는 내가 될거야.
   I'll be the one who laughs last.

3. 내가 맨 먼저 말하는 사람은 아닐거야.
   I will not be the first one to speak.

잊어버리기전에 한번 써보기

1. 그 여자는 화가 나면 완전히 제 정신을 잃고 불같이 성내는 타입이야.
   Hint 제정신을 잃고 불같이 화를 내다: lose one's temper

   ....

2. 내 생각에 그 사람은 네가 필요한게 있기만 하면 널 도와줄 사람이야.
   Hint 네가 필요한게 있기만 하면: if you needed something

   ....

1. **She's the kind of person who** really loses her temper when she gets angry.

2. I think **he's the kind of person who** would help you if you needed something.

내 입에서 영어가 나올 줄이야!

A: 저 친구는 돈이 좀 더 필요한 사람인게 틀림없어.

B: Maybe we should offer him the job.

A: That sounds like a good idea to me.

A: **He's definitely a person who** could use a little extra money.

B: 우리가 그 사람한테 이 일자리를 줘보면 어떨까?

A: 거 괜찮은데.

응용공식 063

I don't see why~ [how~]

왜[어떻게] …인지 모르겠어

 만년초보 탈출하기

세상살다보면 이해안되는게 부지기수. 이럴 때 사용할 수 있는 표현으로 I don't see why~는 「왜 …인지 모르겠어」라는 말이 되며, I don't see how~는 「어떻게 …인지 모르겠어」라는 의미. 또한 I don't see why는 「이유를 모르겠어」라는 말이며, 반대로 I don't see why not하면 「안될 이유가 없다」라는 의미로 반어적으로 긍정적인 답을 할 때 사용하는 표현. 한편 단독으로 상대방의 제안에 참고로 I don't see that(모르겠어, 그렇게 생각안해) 혹은 I don't see it that way(그렇게 생각안해)는 모른다라는 뜻이 아니라 「난 그렇게 생각하지 않는다」라는 뜻이 되니 비교해보면서 머리 속에 팍팍 집어넣어보자.

큰 소리로 영어문장 말해보기

1. 그게 어떻게 가능한지 모르겠어.
   I don't see how that's possible.

2. 왜 그걸 다시 하지 않으려는지 모르겠어.
   I don't see why he wouldn't do it again.

3. 안될 이유가 없지. 그럼 여기서 기다릴까?
   I don't see why not. Shall I wait here, then?

잊어버리기전에 한번 써보기

1. 난 내가 이 일로 왜 나를 여기로 끌고 내려 왔는지 모르겠어.
   Hint ...을 끌고 내려오다: drag sb down

    _____

2. 이 질문들이 어떻게 너한테 도움이 될지 모르겠어.
   Hint 이런 질문들: these questions

    _____

   1. **I don't see why** you had to drag me down here for this.
   2. **I don't see how** these questions are going to help you.

내 입에서 영어가 나올 줄이야!

A: The earthquake caused a lot of destruction.

B: 그래. 어떻게 누구 생존한 사람들이 있을지 모르겠어.

A: They say that a few children were found alive.

A: 지진으로 엄청 파괴되었어.

B: I know. **I don't see how** anyone could have survived.

A: 몇몇 생존 아이들을 발견했대.

응용공식 064

What makes you think~?

왜 …라고 생각하는거야?

만년초보 탈출하기

Why do you think~?와 같은 의미. 「왜?」, 「무엇때문에?」, 「어째서?」가 모두 이유를 묻는 말인것처럼 영어에서도 꼭 why가 아니더라도 '이유'를 물을 수 있다. 직역하면 「무엇이 너로 하여금 …라는 생각을 하게 만드느냐?」는 말인데, 이는 곧 「무엇 때문에 …란 생각을 하게 됐니?」라는 의미. How come you think~?도 같은 맥락의 표현이며 당연히 Why do you think~?로도 바꾸어 쓸 수 있다.

 큰 소리로 영어문장 말해보기

1. 왜 내가 안다고 생각하시는거죠?
   What makes you think I know?

2. 왜 우리가 이르다고 생각하는거죠?
   What makes you think we're early?

3. 왜 그 남자가 여기 있다고 생각하는거야?
   What makes you think he's here?

📖 잊어버리기전에 한번 써보기

1. 왜 내가 이 회사를 그만두고 싶어했다고 생각하는거예요?
   `Hint` 회사를 그만두다: leave a company

   ....

2. 왜 너 혼자서 이 회의를 할 수 있다고 생각하는거야?
   `Hint` 혼자서: by oneself

   ....

   1. **What makes you think that** I wanted to leave this company?

   2. **What makes you think** you can do this meeting by yourself?

내 입에서 영어가 나올 줄이야!

A: 왜 그 사람이 우리 회사에서 일하고 싶어 한다고 생각하시는거죠?

B: He said that he was looking for a change and he liked our company.

A: We should interview him as soon as possible.

A: **What makes you think that** he's interested in working for us?

B: 그 사람은 뭔가 변화를 원하고 있고 우리 회사가 맘에 든다고 말했어요.

A: 가능한 한 빨리 그 사람 면접해야겠어요.

응용공식 065

It's like~

…하는 것 같아

 만년초보 탈출하기

like는 전치사로 '…와 같은'이라는 의미로 It's like~하면 「…와 같은거네」, 「…하는 것 같아」, 「…하는 것과 같은 셈야」 등의 뜻. It seems 등이 외관상, 주관상 「…한 것처럼 보인다」라는 느낌인데 반해 It's like~는 바로 앞 대화에서 이야기하고 있는 사물이나 상황을 비유적으로 다시 한번 이야기할 때 쓰는 말이다. 네이티브들이 무척 즐겨 사용하는 It's like 다음에는 명사, ~ing, 절 등이 다양하게 올 수 있으며, 「…하는 것 같지 않아」라고 말하려면 It's not like+명사[~ing, 절]이라고 하면 된다. 응용해서 It's (not) like sb[sth] ~ing라는 형태를 활용해도 된다.

큰 소리로 영어문장 말해보기

1. 너 믿지 않는 것 같아.
   It's like you don't believe it.

2. 내가 너한테 만족하는 것 같아.
   It's like me feeling happy with you.

3. 너희 엄마 화나게 하는게 아냐.
   It's not like making your mom angry.

📖 잊어버리기전에 한번 써보기

1. 날 싫어하나봐. 세상이 끝나는 것 같아.
   Hint 세상의 끝: the end of an era

    _____

2. 우린 공통점이 없는 것 같아. 말하자면 난 피자를 좋아하는데.
   Hint 공통점이 있다: have sth in common

    _____

1. **It's like** he hates me. **It's like** the end of an era.

2. **It's not like** we don't have anything in common. I mean I like uh, pizza.

내 입에서 영어가 나올 줄이야!

A: Did Debbie send you an e-mail about the meeting?

B: No, she didn't. I never received anything from her.

A: 이상하네. 걘 네가 오는 것을 원치 않았던 것 같아.

A: 데비가 회의관련 이메일을 네게 보냈어?

B: 아니, 보내지 않았어. 걔한테서 아무것도 받지 못했어.

A: That's strange. **It's like** she didn't want you to come.

응용공식 066

Please make sure (that)~

반드시 …하도록 해, …를 꼭 확인해

만년초보 탈출하기

어떤 일을 반드시 하도록 신신당부할 때 애용되는 표현. 「잊지말고 …해라」라는 Don't forget to+V와 일맥상통하는 표현으로 당부하고자 하는 내용 앞에 살짝 붙이면 간곡한 느낌을 더할 수 있다. 즉, 그냥 Close the window(창문을 닫아라)보다는 Make sure you close~라고 하는 것이 그 일을 꼭 좀 해달라는 느낌이 더 강하다는 얘기. 반드시 해야 할 내용은 제목에 나온 것처럼 that을 쓰거나 to 부정사를 활용해 Please make sure to+V 형태로 이어준다.

큰 소리로 영어문장 말해보기

1. 문이 잠겼는지 꼭 확인해라.
   Please make sure that the door is locked.

2. 텔레비전이 꺼졌는지 꼭 확인해라.
   Make sure that the TV is turned off.

3. 그 남자에게 네 전화번호를 꼭 가르쳐 줘라.
   Make sure that he has your number.

📖 **잊어버리기전에 한번 써보기**

1. 퇴근하기 전에는 반드시 문을 잠그도록 하세요.
   Hint 잠그다: lock

    ....

2. 개가 일정이 변경된 것을 알고 있도록 해.
   Hint 일정변경: the schedule change

    ....

> 1. **Please make sure** you lock the door before you go home.
> 2. **Make sure** she knows about the schedule change.

내 입에서 영어가 나올 줄이야!

A: When is the new line going to be available? I'm dying to see it.

B: Not for a few more months. I'm still working on the colors.

A: 출시되면 나에게 꼭 알려줘.

A: 신상품은 언제 이용할 수 있니? 보고 싶어 죽겠어.

B: 몇달 지나야 할거야. 아직 색조작업 중이거든.

A: **Make sure** you let me know when it comes out.

make sb feel~
…의 기분을 …하게 하다

 만년초보 탈출하기

사역동사 make가 맹활약하는 공식으로 feel 동사와 연합하여 make sb feel~이라고 쓰이면 주어가 사람이든 어떤 상황이든, 그 때문에 sb의 기분이 어떻다라고 말할 때 사용하는 표현법. 어차피 살다보면 다른 상황에 의해 기분이 더러울 때, 좋을 때가 숱하게 있는 법이니 그때 이 공식을 사용해서 자기의 기분상태를 말하면 된다. 특히 자주 쓰이는 You make me feel (like)~는 「너 때문에 기분이 …해」(너 때문에 기분이 …한 것 같아)라는 뜻이다.

큰 소리로 영어문장 말해보기

1. 너 때문에 바보가 된 기분이야.
   You made me feel like an idiot.

2. 왜 날 기분나쁘게 만드는거야?
   Why are you trying to make me feel bad?

3. 네 덕분에 기분이 한결 낫구나.
   You make me feel much better.

📖 잊어버리기전에 한번 써보기

1. 뭘 사도 내 기분이 더 좋아지지 않을 것 같아.
   Hint 뭐를 사는 것: buying something

    ....

2. 내가 우울했을 때 넌 내 기분을 나아지게 해줬어.
   Hint 내가 우울할 때: when I am down

    ....

   1. Buying something is not going to **make me feel** any better.
   2. You **made me feel** better when I was down.

내 입에서 영어가 나올 줄이야!

A: Why do you think Mary and Jim got married?

B: 짐이 그러는데, 메리가 자기를 항상 행복하게 해준대.

A: What a lucky guy, I envy their relationship.

A: 메리와 짐이 왜 결혼했다고 생각해?

B: Jim says that Mary always **makes him feel** happy.

A: 운도 좋구만, 걔네들 사이가 부러워.

응용공식 068

I guess that means~

그것이 의미하는 것은 …인 것 같아

 만년초보 탈출하기

먼저 I guess~는 '어떤 것에 대해 확실한 지식(definite knowledge)이 없어 확신할 수 없다'(can't be sure)는 것. 따라서 I guess (that)~는 상황을 추측할 때나 자신의 의견을 말하면서 단정적인 말투를 피하고 싶은 경우에 사용하면 좋다. 여기서 한 단계 더 응용하여 I guess (that) that means (that) S+V란 표현을 만들 수가 있는데 that이 두 번씩이나 반복되는 공식. 이때 that means~는 「그것은 …를 의미한다」는 뜻으로 동사 means 앞에 있는 that은 접속사가 아니라 앞에서 한 말을 가리키는 지시대명사라는 점에 유의하자. I guess that means까지를 기계적으로 암기하여 그 부분이 입에서 나오는 동안 means 이하의 내용을 머릿속에서 열심히 영작하도록 하자.

큰 소리로 영어문장 말해보기

1. 기차가 지연됐네. 그 말은 우리가 늦는다는거네.
   The train is delayed. I guess that means we'll be late.

2. 그건 그녀가 바쁘다는 뜻이네.
   I guess that means she's busy.

3. 그건 경기가 취소된다는 뜻이네.
   I guess that means the game will be canceled.

📖 잊어버리기전에 한번 써보기

1. 그건 우리가 저녁으로 빵을 먹을거라는 얘기겠지.
   Hint 먹다: have

   ▶ ....

2. 그건 우리가 올해는 어떤 보너스도 받지 못한다는 얘기네.
   Hint 보너스를 타다: get ~bonuses

   ▶ ....

   1. **I guess that means** we'll be having bread for dinner.

   2. **I guess that means** we are not getting any bonuses this year.

내 입에서 영어가 나올 줄이야!

A: I can't believe the weather report is calling for snow in the middle of May.

B: It's true. They're expecting thirty centimeters of snow to fall overnight.

A: 그럴 수가! 그럼 경기가 취소된다는 말이잖아.

A: 5월 중순에 눈이 온다고 일기 예보에서 그러던데 그게 말이 되니?

B: 사실이야. 밤새 30cm 정도 눈이 내릴거래.

A: Unbelievable! **I guess that means** the game will be canceled.

응용공식 069

Did you see any problems with~?

…에서 어떤 문제라도 발견했어?

 만년초보 탈출하기

with 이하의 사항에 문제나 곤란한 사정이 있는지 확인하거나, 때로는 「…에 무슨 문제가 있다는거야?」라는 수사의문문으로 문제가 없음을 반문하는 용도로도 사용된다. 문제가 있는 대상은 problem 뒤에 with+N 혹은 with+~ing로 써준다. 지금까지 설명한 다른 회화공식처럼 이 표현 또한 Did you see any problems with는 달달달 외우고 with 이하를 바꿔가며 훈련을 해보기 바란다.

큰 소리로 영어문장 말해보기

1. 이 컴퓨터에 무슨 문제가 있던가요?
   Did you see any problems with this computer?

2. 그 제안서에 무슨 문제라도 있나요?
   Did you see any problems with the proposal?

3. 어제 내 발표에서 무슨 문제가 있었어?
   Did you see any problems with my presentation yesterday?

잊어버리기전에 한번 써보기

1. 지난 주에 시제품을 시험했을 때 어떤 문제라도 발견했나요?
   Hint 시제품: prototype

   ▶ _____

2. 내일 오후 근무조를 저와 바꾸는데 무슨 문제라도 있나요?
   Hint …와 근무조를 바꾸다: switch shifts with

   ▶ _____

> 1. **Did you see any problems with** the prototype when you tested it last week?
>
> 2. **Did you see any problems with** switching shifts with me tomorrow afternoon?

내 입에서 영어가 나올 줄이야!

A: 로비에 게시된 새 일정표에서 무슨 문제라도 발견했나요?

B: No, I didn't, but you should check with the maintenance to make sure they're not cleaning then.

A: That's a good idea.

A: **Did you see any problems with** the new schedule posted in the lobby?

B: 아니오, 하지만 관리실 직원들이 그때 청소하지 않도록 확실히 해둬야 할거예요.

A: 좋은 생각이에요.

Can you tell me who~?

누가 …한지 말해줄래?

만년초보 탈출하기

모든 궁금증을 풀 수 있는 문형. 먼저 Can[Could] you tell me(…를 알려 줄래?)를 말한 다음 궁금한 사실을 간접의문문의 어순(의문사+S+V)으로 이어주면 된다. 제목에 나온 표현은 사람에 관한 질문인 경우이며, 상황에 따라 어떤 의문사를 써도 무방하다. 물론 의문사 외에도 양자택일의 접속사 if를 써서 Can you tell me if~?(…인지 아닌지 말해주실래요?)라고 할 수도 있다.

큰 소리로 영어문장 말해보기

1. 누가 이걸 썼는지 말해줄래?
   Can you tell me who wrote this?

2. 여기에 누가 서명했는지 말해줄래?
   Can you tell me who signed here?

3. 걔가 오늘 사무실에 있는지 알려줄 수 있어?
   Can you tell me if she is in the office today?

잊어버리기전에 한번 써보기

1. 송장 관리를 누가 맡고 있는지 말해 줄래요?
   Hint 송장을 관리하다: take care of invoices

   ....

2. 그 빌딩에 강도가 들었을 때 야간 근무조가 누군지 말씀해줄래요?
   Hint 야간 교대: night shift

   ....

   1. **Can you tell me who** is responsible for taking care of the invoices?
   2. **Can you tell me who** was working on the night shift when the building was robbed?

내 입에서 영어가 나올 줄이야!

A: 실례합니다. 중소기업 대출을 받으려면 어느 분께 가야 하나요?

B: You'd better see the loan officer on the second floor.

A: Thank you.

A: Excuse me, **can you tell me who** I should see about getting a small business loan?

B: 2층 대부계 담당자를 만나보십시오.

A: 고마워요.

응용공식 071

Could you show me how to~?

…하는 방법 좀 가르쳐 줄래요?

 만년초보 탈출하기

이번엔 좀 범위를 좁혀 상대방에게 to+V하는 구체적인 '방법'을 가르쳐 달라고 부탁하는 의문문을 배워보자. 여기서 show는 말로 알려주는 것뿐만 아니라 「시범을 통해 행동으로 보여주다」라는 의미까지 포함하는 동사. 하지만 실제 회화에서는 그저 「알려주다」, 「말해주다」 정도로 받아들이면 된다. Please let me know how to+V로 바꿔 말할 수도 있으며 바로 앞에서 배운 표현을 활용해 Can you tell me how to+V?라고 해도 된다.

큰 소리로 **영어문장 말해보기**

1. 거기 가는 방법 좀 가르쳐 주시겠어요?
   Could you show me how to **get there?**

2. 이 디스크 포맷방법 좀 가르쳐 주시겠어요?
   Could you show me how to **format this disk?**

3. 스케이트 타는 법 좀 가르쳐 줄래?
   Could you show me how to **ice-skate?**

잊어버리기 전에 한번 써보기

1. 새 컴퓨터 시스템 사용 방법을 가르쳐줄래요?
   Hint 새로운 컴퓨터 시스템: the new computer system

   ▶ _____

2. 버스 터미널에서 쇼핑몰까지 가는 방법을 말씀해 주시겠어요?
   Hint 쇼핑몰에 가다: get to the shopping mall

   ▶ _____

   1. **Could you show me how to** use the new computer system?
   2. **Can you tell me how to** get to the shopping mall from the bus terminal?

내 입에서 영어가 나올 줄이야!

A: 프린터를 컴퓨터에 연결하는 방법을 알려 주시겠어요?

B: Sure. Plug the cord from the printer into the printer jack at the back of the computer.

A: Now I see it, thanks.

A: Could you show me how to connect the printer to the computer?

B: 그럼요, 프린터에서 나온 코드를 컴퓨터 뒷면의 프린터 단자에 연결하면 돼요.

A: 이제 알겠어요, 고마워요.

Do I have time to~ before~?

…전에 …할 시간이 있나요?

만년초보 탈출하기

어떤 일을 앞두고 뭔가 다른 일을 할 「시간적 여유」가 있는지를 묻는 표현. to 이하에는 자신이 먼저 하고자 하는 일을, before 다음에는 나중에 하기로 예정되어 있는 일을 각각 쓰면 된다. 빠듯하게 돌아가는 일정 속에서 효과적인 시간활용을 위해 알아두면 요긴한 표현이다.

큰 소리로 영어문장 말해보기

1. 회의 전에 커피 한잔 할 시간이 있을까?
   Do I have time to grab a coffee **before** the meeting?

2. 내가 떠나기 전에 크리스에게 전화할 시간이 있을까?
   Do I have time to call Chris **before** I leave?

3. 걔가 오기 전에 이거 끝낼 시간이 있을까?
   Do I have time to finish this **before** he comes?

📖 잊어버리기전에 한번 써보기

1. 공항가기 전에 이 보고서들을 갖다놓을 시간이 될까요?
   Hint ...을 어디에다 전달하다: drop sth off

   ▶ _____

2. 점심 먹으러 가기 전에 그 프로그램을 다운받을 시간이 충분히 될까?
   Hint 점심 먹으러 가다: go to lunch

   ▶ _____

1. **Do I have time to** drop these reports off **before** I go to the airport?

2. **Do I have enough time to** download the software **before** we go to lunch?

내 입에서 영어가 나올 줄이야!

A: 가기 전에 커피 한잔 마실 시간이 있을까요?

B: If you're quick, you should have time.

A: Do you want anything from the coffee shop?

A: Do I have time to get a coffee **before** we go?

B: 아주 빨리만 하면 시간이 있어요.

A: 커피숍에서 사왔으면 하는게 있나요?

응용공식 073

Do you have enough to~?

…할 것이 충분히 있나요?

 만년초보 탈출하기

have enough to+V라고 하면 어떤 것이 to+V할 만큼 충분히 있다는 의미. 뭐가 충분히 있는지 콕 찍어서 말하려면 enough 뒤에 money, time 등 해당하는 명사를 추가하면 된다. 다시말해, Do you have enough money to~?(…할 돈이 충분히 있니?), Do you have enough time to~?(…할 시간 충분하니?) 등으로 응용할 수 있다는 얘기. 한편 enough가「형용사+enough to+V」의 형태로 쓰이는 경우엔「…할만큼 충분히」란 뜻의 부사라는 사실도 기억하자.

큰 소리로 영어문장 말해보기

1. 먹을 것이 충분한가요?
   Do you have enough to eat?

2. 앉을 자리가 충분한가요?
   Do you have enough to sit on?

3. 그 프로젝트를 제시간에 끝낼 만큼 충분히 있니?
   Do you have enough to finish the project on time?

잊어버리기전에 한번 써보기

1. 이 사람들 모두 오늘 먹일 만큼 음식이 충분한가요?
   Hint ...를 먹이다: feed

   ▶ _____

2. 오늘밤 네가 마신 술값을 다 지불할 돈이 있는거야?
   Hint ...의 대금을 지불하다: pay for

   ▶ _____

1. **Do you have enough to** feed all these people today?
2. **Do you have enough to** pay for all the drinks you've had tonight?

내 입에서 영어가 나올 줄이야!

A: 요즘 같은 철에 할 일이 충분히 있나요?

B: Well, winter is always slow, but I do have a few jobs.

A: If it gets too slow, you could work part-time for me.

A: **Do you have enough to** work on, this time of year?

B: 글쎄요, 겨울은 항상 불경기죠, 하지만 몇 가지 하는 일은 있어요.

A: 상황이 너무 안좋아지거든 내게 와서 아르바이트를 하도록 해요.

Don't let sth[sb]+V
…가 …하지 못하게 해

 만년초보 탈출하기

사역동사 let을 활용한 표현으로 주의를 주거나 충고할 때 쓰면 아주 유용하다. 예를 들어 상사에게 성희롱(sexual harassment)을 당했다며 울고 있는 동료에게 Don't let him bother you라고 하면 「그가 널 괴롭히도록 허용하지마」, 즉 앞으로는 함부로 못 대하게 「본 때를 보여줘」란 의미. 한편 바람피다 발각돼 용서를 구하는 애인에게 이번엔 봐줄 테니 「다신 이런 일 없도록 해」란 의미로 던지는 Don't let it happen again!은 엄한 경고의 말.

큰 소리로 영어문장 말해보기

1. 그 사람들이 지각하지 못하게 해.
   Don't let them **be** late.

2. 이 기회를 놓치지마.
   Don't let this chance **slip** away.

3. 화가 순간을 망치게 두지마.
   Don't let your anger **ruin** the moment.

잊어버리기전에 한번 써보기

1. 누구도 네가 그걸 못한다고 말하게 두지마.
   Hint 그렇게 하다: do it

   ▶ _____

2. 이렇게 눈 내리는 날씨라고 해서 집에만 쳐박혀 있지마.
   Hint 눈이 내리는: snowy   ...에 머무르다: stay at

   ▶ _____

   1. **Don't let** anyone **tell** you you can't do it.
   2. **Don't let** this snowy weather **make** you stay at home.

내 입에서 영어가 나올 줄이야!

A: 조쉬가 네 신경을 건드리지 못하게 해.

B: He is making me so angry. I don't know why he always picks on me.

A: I think he's afraid, and that is his way of protecting himself.

A: **Don't let** Josh **get** on your nerves.

B: 그애 때문에 정말 화가 나. 왜 항상 날 괴롭히는지 모르겠어.

A: 두려워서 그러는 것 같아. 그 애는 그런 식으로 자기 스스로를 보호하는거지.

응용공식 075

I didn't mean to~
…하려던게 아니었어

 만년초보 탈출하기

본의 아니게 폐를 끼쳤거나 뜻하지 않은 결과가 나타난 경우 자신의 의도는 그런게 아니었음을 밝히며 상대방의 오해를 푸는 표현. 즉, I'm sorry, I didn't mean to hurt you(미안해, 네 맘을 상하게 하려던게 아니야)같이 이미 지나간 자신의 행동을 설명 내지는 변명할 때 요긴하게 사용된다.

큰 소리로 영어문장 말해보기

1. 너에게 절대 상처를 주려던게 아니야.
   I never mean to hurt you.

2. 너에게 그렇게 말할 생각이 아니었어.
   I didn't mean to say so.

3. 소리지를 생각은 아니었어.
   I didn't mean to yell.

잊어버리기전에 한번 써보기

1. 모두 보는 앞에서 너한테 소리 지르려고 한 건 아니었어.
   `Hint` ...에게 고함치다: yell at

   ▶ _____

2. 내가 널 친구 이상의 감정으로 좋아한다는 생각을 심어주려던게 아니었는데.
   `Hint` ...에게 ~라는 생각을 심어주다: give sb the idea that~

   ▶ _____

   1. **I didn't mean to** yell at you in front of everyone.
   2. **I never meant to** give you the idea that I liked you as more than a friend.

내 입에서 영어가 나올 줄이야!

A: 너를 이렇게 집에서 멀리 떨어진 곳에 데려가려는 의도는 아니었는데 말야.

B: I know. Actually, I am very happy to be here.

A: I'm so glad you like it.

A: **I didn't mean to** take you so far away from home.

B: 알아. 실은 나도 이곳에 오게 되어 너무 좋아.

A: 네가 좋다니 나도 기뻐.

응용공식 076

Do you mind if~ ?

…해도 괜찮을까요?

 만년초보 탈출하기

I was wondering if~, I'd like you to~ 등과 함께 대표적인 부탁 표현 중 하나. 어떤 행동을 하기 전에 상대방에게 허가나 동의를 구하는(seek sb's permission or agreement) 정중한 표현. mind는 「…하기를 꺼리다」(be opposed to or dislike)란 뜻의 동사로 「…하는게 싫으세요?」, 「…하면 폐가 될까요?」라는 부정의 의미를 포함하는 의문문. 따라서 대답은 우리말과 반대로 해야 한다. 즉 부정으로 대답해야 「아니, 난 괜찮아」(I don't mind if~)란 승낙의 뜻이 되고 Yes, Of course 등의 긍정의 대답은 「그래, 싫어」라는 거절의 답변이 된다.

큰 소리로 영어문장 말해보기

1. 자리를 떠도 될까요?
   Do you mind if I excuse myself?

2. 담배 피워도 될까요?
   Do you mind if I smoke here?

3. 부탁 하나 해도 괜찮겠니?
   Do you mind if I ask a favor?

잊어버리기전에 한번 써보기

1. 이 프로젝트 하는데 나 좀 도와주면 안될까?
   Hint ...를 하는데 ...을 도와주다: give sb some support on sth

   ▶ _____

2. 샘이 우리와 함께 해변에 가도 괜찮을까?
   Hint ...와 함께 가다: come with

   ▶ _____

1. **Do you mind giv**ing me some support on this project?
2. **Do you mind if** Sam comes with us to the beach?

내 입에서 영어가 나올 줄이야!

A: 주말마다 너희 어머니 집에 가는거 괜찮니?

B: Yes, I do. I'm starting to feel very bored and unhappy over there.

A: Have you thought of taking her over to your house?

A: **Do you mind go**ing to your mother's house every weekend?

B: 아니. 거기 가는게 엄청 지겹고 따분해지기 시작했어.

A: 너희 집에 엄마를 모시고 오는 건 생각해 본 적 있어?

응용공식 077

How long does it take to~ ?

…하는데 얼마나 걸려?

 만년초보 탈출하기

특정 행위의 소요 시간을 말할 때 사용하는 It takes+시간+(for sb) to+V 구문의 의문형. 시간명사가 의문사 How long으로 대체되면서 문장의 제일 앞으로 나온 형태이다. 예를 들어 It takes about three hours to get there(거기 도착하려면 3시간쯤 걸린다)에서 소요시간에 해당하는 about three hours에 대해 물어보려면 How long does it take to get there?라고 하면 된다. 현재 시제를 미래로 바꾸어 How long will it take to~?라 응용해도 된다.

큰 소리로 영어문장 말해보기

1. 거기 가는데 얼마나 걸릴까요?
   How long does it take to get there?

2. 그걸 끝내는데 얼마나 걸릴까?
   How long does it take to finish it?

3. 이 책 읽는데 얼마나 걸려?
   How long does it take to read this book?

잊어버리기전에 한번 써보기

1. 너희 고향에 가려면 얼마나 걸리니?
   Hint ...에 가다: get to+장소명사

   ▶ _____

2. 외국어를 배우는데 얼마나 걸릴까?
   Hint 제 2 공용어: a second language

   ▶ _____

1. **How long does it take to** get to your hometown?
2. **How long does it take to** learn a second language?

내 입에서 영어가 나올 줄이야!

A: 김치 담그는데 얼마나 걸리세요?

B: I guess I usually finish a batch in about three hours.

A: Maybe someday you could show me how to make it.

A: **How long does it take you to** make kimchi?

B: 보통 한 번 담그는 건 3시간 정도 걸리는 것 같은데.

A: 언제 저한테 김치를 담그는 방법을 알려주세요.

응용공식 078

I'd like to let you know~

…을 알려드리려구요

 만년초보 탈출하기

이때 let you know는 「네가 알게 하다」란 뜻으로, 즉 말하는 이(I)가 상대방(you)에게 뭔가를「말해주겠다」(I'll tell you), 「알려주겠다」(I'll inform you)라는 의미. 여기에 「…하고 싶다」는 바램을 공손히(politely) 내비치는 I'd like to~ 구문이 결합한 형태로 뭔가 자기가 하고 싶은 말을 부드럽게 꺼낼 때 그 서두를 장식하기에 적합한 표현이다.

✏️ 큰 소리로 영어문장 말해보기

1. 내 목표를 알려주고 싶어.
   I'd like to let you know my goals.

2. 그 남자가 어떻게 돈을 벌었는지 말해줄게.
   I'd like to let you know how he made money.

3. 내가 다음 주에 휴가라는 걸 알려드리고 싶어요.
   I'd like to let you know I'll be on vacation next week.

잊어버리기전에 한번 써보기

1. 어제 네 연설이 매우 훌륭했다는 사실을 알려주고 싶어서.
   Hint 잘 되다, 성공하다: go well

   ▶ _____

2. 다른 회사에서 일하기로 했다는 걸 알려드리려구요.
   Hint 다른 회사에서 일하기로 하다: accept a job with another company

   ▶ _____

   1. **I'd like to let you know that** your speech went very well yesterday.

   2. **I'd like to let you know that** I've accepted a job with another company.

내 입에서 영어가 나올 줄이야!

A: How can I help you?

B: 곧 휴가를 좀 내야 할 것 같아서 미리 알려드리려고요.

A: Okay, there are some forms for you to fill out.

A: 어떻게 도와드릴까요?

B: **I'd like to let you know in advance that** I'll need some time off soon.

A: 좋아요. 서류를 좀 작성하세요.

· 응용공식 079

It has been + 시간 since~

…한지 …나 됐다

🎓 만년초보 탈출하기

현재완료시제를 활용한 대표적인 회화구문으로 특정 행위의 발생시점으로부터 얼마만큼의 시간이 경과했는지 설명하는 표현이다. since 이하에는 과거시제나 현재완료시제가 나온다. 이 표현 또한 시제나 주어를 달리해 다양하게 변형시킬 수 있는 것으로 유명한데, 예를 들어 It has been 3 years since he was kidnapped(그가 납치된 지 3년이 지났다)라는 문장은 시간을 주어로 하여 Three years have passed since~라고 하거나 과거시제로 He was kidnapped 3 years ago로 바꿔쓸 수 있다.

✏️ 큰 소리로 영어문장 말해보기

1. 우리가 마지막으로 만난지 5년이 되었어.
   It has been five years since **we last met.**

2. 그 사고가 일어난지 2일이 되었어.
   It has been two days since **the accident happened.**

3. 내가 여기로 이사 온지 이주일이 되었어.
   It has been two weeks since **I moved here.**

잊어버리기전에 한번 써보기

1. 네가 세미나에 마지막으로 참석한지도 꽤 됐어.
   Hint 상당히 경과된 시간: quite some time

   ▶ _____

2. 사무용품을 주문한지가 2달이 넘었어요.
   Hint 사무용품: (office) supplies

   ▶ _____

   1. **It has been quite some time since** you attended any seminars.
   2. **It has been over two months since** we ordered the supplies.

내 입에서 영어가 나올 줄이야!

A: 내가 고등학교 졸업한지도 10년이 넘었구나.

B: Really? You seem like you are only twenty years old.

A: I may look young, but my body feels like it's about eighty years old.

A: **It has been over ten years since** I graduated from high school.

B: 정말? 넌 겨우 스무살 정도로 밖엔 안 보여.

A: 어려보일진 몰라도 내 몸은 거의 여든 살은 된 것 같아.

I can't say~

…는 아니지

 만년초보 탈출하기

말을 할 수 없다는 말로 단독으로 I can't say하면 상대방의 물음에 자신없게 혹은 조심스럽게 「몰라」라고 말하는 것으로 I can't say~하면 직역은 「…라고 말할 수 없다」, 즉, 「…는 아니지」라는 뜻으로 부정적인 답변을 조심스럽게 하는 표현법이다.

큰 소리로 영어문장 말해보기

1. 널 사랑한다는 것은 아니야.
   I can't say I love you.

2. 걔를 비난하는 것은 아니지.
   I can't say I blame him.

3. 놀라지는 않았지.
   I can't say I'm surprised.

잊어버리기전에 한번 써보기

1. 네가 무엇을 겪는지 이해한다고 말할 수는 없지.
　Hint 경험하다, 겪다: go through

　▶ ....

2. 걔가 무엇을 생각하고 있었는지 확실히는 모르지.
　Hint 확실히: with certainty

　▶ ....

　1. I can't say I understand what you're going through.

　2. I can't say with certainty what he was thinking.

내 입에서 영어가 나올 줄이야!

A: Have you chosen what subject you're going to study?

B: 아직 못했어. 내가 대학에서 뭘 할지 확실히 모르겠어.

A: Most people ask an advisor to help plan their future.

A: 네가 전공할 분야 골랐어?

B: Not really. **I can't say** I know what I'll do at university.

A: 대부분 사람들은 대학 카운슬러에게 미래계획을 세우는데 도움을 부탁해.

응용공식 081

Don't tell me (that)~
설마 …라는 건 아니겠지?

  만년초보 탈출하기

영어표현을 무조건 한단어 한단어 그대로 의미를 살려 번역하려는 습관은 영어를 못하는 지름길이다. 영어도 언어라는 점을 인식하여 축어적이고 교과서적인 번역보다는 살아있는 우리말처럼 생동감있고 과감하게 옮겨야 한다. 이 경우도 무슨 말을 못하게 하려는 것이 아니라 상대방의 말을 부정하거나 일축할 때 애용되는 표현으로, 경우에 따라 문자 그대로 「…라고 내게 말하지마」라는 해석은 지양해야 한다. 예를 들어 Don't tell me you never felt like that이라고 하면 「그렇게 느낀 적이 없다고 말하지마」라고 하기 보다는「너도 그렇게 느꼈잖아」라고 하는 것이 훨씬 자연스럽다.

큰 소리로 영어문장 말해보기

1. 설마 또 내 생일을 잊은 건 아니겠지!
   Don't tell me that you forgot my birthday again!

2. 우리가 마지막 기차 놓쳤다는 건 아니겠지.
   Don't tell me that we missed the last train.

3. 그녀가 직장을 그만뒀다는 건 아니겠지.
   Don't tell me that she quit her job.

잊어버리기전에 한번 써보기

1. 설마 없어진 부품들 주문하는 걸 잊은 건 아니겠지!
   Hint 없어진 부품: missing part

   ▶ _____

2. 설마 우리하고 쇼핑하러 안가겠다는 건 아니지.
   Hint 쇼핑하러 가다: go shopping

   ▶ _____

1. **Don't tell me that** you forgot to order the missing parts!
2. **Don't tell me** you're not going shopping with us.

내 입에서 영어가 나올 줄이야!

A: 나더러 크리스를 초대하지 말라고 얘기하려는 건 아니겠죠?

B: If you didn't do your homework, you wouldn't be able to have Chris over.

A: I think that's unfair. I'm going to tell Dad you are being mean to me.

A: **Don't tell me** I don't get to invite Chris.

B: 숙제를 안하면 크리스를 여기 데리고 올 수 없어.

A: 그건 불공평해요. 아빠에게 엄마가 나를 못살게 군다고 말할거예요.

응용공식 082

Have you thought about + ~ing?

…에 대해 생각해 본 적 있어?

만년초보 탈출하기

단순히 about 이하를 생각해 보았는지의 여부를 묻는다기 보다는 「…해볼 생각있어?」라며 상대에게 about 이하의 행위를 제안·권유하는 문형. 현재완료 '경험'용법으로 you와 thought 사이에 ever를 써서 강조해줄 수도 있다. 전치사 about 뒤에는 당연히 명사나 동명사 등 명사 상당어구가 와야 하며, 절이 오는 경우에는 Have you thought that S + V?의 형태로 써주면 된다.

큰 소리로 영어문장 말해보기

1. 머리 염색해 볼 생각있어?
   Have you thought about dyeing your hair?

2. 해외여행갈 생각있어?
   Have you thought about traveling overseas?

3. 다른 도시로 이사 갈 생각 해본 적 있어?
   Have you thought about moving to another city?

📖 잊어버리기전에 한번 써보기

1. 영화 보러 가는거 생각해 봤니?
   Hint 영화보러 가다: go to the movies

   ▶ ....

2. 외환에 투자해 보는 것에 대해 생각해 봤어?
   Hint 외환: foreign currency

   ▶ ....

> 1. **Have you thought about go**ing **out to the movies?**
> 2. **Have you thought about invest**ing **in foreign currency?**

내 입에서 영어가 나올 줄이야!

A: 계획안을 시정부에 제출하는 것에 관해 생각해 보셨나요?

B: I have, but it doesn't seem like a good idea.

A: Well, if you want some help, I'm always around.

A: **Have you thought about submitt**ing **a plan to the city government yet?**

B: 네, 그렇지만 좋은 생각같진 않아요.

A: 뭐 그럼, 도움이 필요하시면 언제든 불러주세요.

What did you do with~ ?

…을 어떻게 했니[어디다 두었니]?

 만년초보 탈출하기

with 이하의「명사를 어떻게 했는지」(take action with regard to something)를 묻는 표현. 물건이 오면 그 물건을 어떻게 처리했는지, 혹은 그 물건을 어디에 두었는지 묻는 말. 예를 들어 What did you do with this letter?라고 하면「그 편지 어디다 두었냐?」란 질문.

큰 소리로 영어문장 말해보기

1. 내 서류 가방 어디다 뒀어요?
   What did you do with my briefcase?

2. 우리 여권 어쨌니?
   What did you do with our passports?

3. 내 열쇠 어디 뒀니?
   What did you do with my keys?

잊어버리기전에 한번 써보기

1. 어제 내가 너에게 준 펜 어쨌어?
   Hint ...에게 ...을 주다: give sb sth

   ▶ _____

2. 내 책상 위에 있던 서류들을 어떻게 했어?
   Hint 책상 위 서류들: the documents on one's desk

   ▶ _____

   1. **What did you do with** the pen that I gave you yesterday?
   2. **What did you do with** the documents on my desk?

내 입에서 영어가 나올 줄이야!

A: 에세이 어떻게 된거니?

B: I tried to print it, but my printer broke.

A: Those are some interesting excuses, but I don't believe a word you are saying.

A: **What did you do with** the essay?

B: 출력하려고 했는데 프린터가 고장났어요.

A: 참 흥미로운 변명이구나. 하지만 네가 하는 말 하나도 안 믿는다.

응용공식 084

I'm not gonna let sb + V

 …가 …하도록 내버려 두지 않을거야

 만년초보 탈출하기

누군가에게 특정 행동을 금지시키겠다는 주어(I)의 강력한 의지가 드러난 표현으로 gonna는 going to~를 일상회화에서 발음나는 대로 표기한 것. 사랑과 이별을 노래하는 수많은 팝송 가사에서 떠나는 연인을 향해 읊조리는 대표적인 가사 I'll never let you go(널 떠나보내지 않겠어)가 바로 이 표현과 맥을 같이 하는 경우라고 할 수 있다.

큰 소리로 영어문장 말해보기

1. 너를 보내지 않을거야.
   I'm not gonna let you go.

2. 네가 날 가로막게 내버려 두진 않을거야.
   I'm not gonna let you stop me.

3. 널 혼자 보내지 않을거야.
   I'm not gonna let you go alone.

잊어버리기전에 한번 써보기

1. 네가 내 발표회를 망치도록 놔 두지는 않을거야.
   Hint 발표회: presentation

   ▶ _____

2. 네가 이 일을 저지르고도 그냥 빠져나가게 내버려 두지는 않을거야.
   Hint (잘못 등을 저지르고 벌받지 않고) 넘어가다: get away with sth

   ▶ _____

1. **I'm not going to let** you ruin my presentation.
2. **I'm not gonna let** you get away with this.

내 입에서 영어가 나올 줄이야!

A: 누구도 이 그림조각 퍼즐을 망치지 못하게 할거야.

B: How are you going to prevent people from stepping on it?

A: I'm gonna put a barricade around it, and put up a sign to warn.

A: I'm not gonna let anybody ruin this jigsaw puzzle.

B: 사람들이 그걸 밟고 지나가는 걸 무슨 수로 막을거니?

A: 퍼즐 주위에 장벽을 쌓아놓고 주의하도록 표지판을 세워두면 돼.

What I would like to know is~

내가 알고 싶은 건 …이야

만년초보 탈출하기

바쁜 세상, 쓸데없는 시간낭비 없이 원하는 엑기스 정보만을 재빨리 얻기 위해 아주 유용한 표현. 유난히 앞사설이 긴, 혹은 묻는 말엔 대답 안하고 자꾸 곁다리 짚는 얘기만 하는 상대에게 내가 알고 싶은건 바로 이거라고 콕 집어주는 말. is 이하에는 원칙적으로 「의문사[what/why/how] S + V」의 간접의문문이 오지만 제멋대로 노는 구어체에서는 What I would like to know is, what did he die of?와 같은 직접의문문의 형태가 올 수도 있다.

큰 소리로 영어문장 말해보기

1. 내가 알고 싶은 건 왜 그가 그렇게 갑자기 떠났는지야.
   What I would like to know is **why he left so suddenly.**

2. 내가 궁금한 건 그녀가 그 계획에 동의했는지야.
   What I would like to know is **whether she agreed to the plan.**

3. 내가 알고 싶은 건 이 실수에 누가 책임이 있는지야.
   What I would like to know is **who is responsible for this mistake.**

📖 잊어버리기전에 한번 써보기

1. 내가 궁금한 건 왜 걔 급여가 올라 새 차를 샀느냐 하는거야.
   Hint 임금인상: a raise
   ▶ _____

2. 내가 알고 싶은 건 그 사람이 왜 죽었느냐는 겁니다.
   Hint ...로 인해 죽다: die of
   ▶ _____

   1. **What I would like to know is** why he got a raise and a new car.
   2. **What I would like to know is** what he died of?

내 입에서 영어가 나올 줄이야!

A: I heard the diver was found unconsciousv on the shore.

B: 내가 알고 싶은 건 왜 그 바다에 그 남자 혼자만 나왔냐는거야.

A: No, he had gone out there by himself.

A: 그 잠수부가 의식불명인 채로 해변가에서 발견되었다고 들었어.

B: **What I would like to know is** why he was out in the ocean all alone.

A: 아니, 그 사람 혼자만 거기 갔던거래.

When was the last time (that)~?

마지막으로 …한게 언제였죠?

만년초보 탈출하기

어떤 일을 가장 최근에 해본게 언제였는지 묻는 표현으로 When was the last time that we met?(우리가 마지막으로 만난게 언제였지?)와 같이 that 뒤의 시제는 과거형이 오게 된다. 이와는 반대로 「맨처음 …를 해본게 언제였어요?」라고 묻고 싶다면 last만 first로 잽싸게 바꾸어 When was the first time (that)~?이라고 하면 된다.

큰 소리로 영어문장 말해보기

1. 걔를 마지막으로 본게 언제였어?
   When was the last time you saw him?

2. 마지막으로 해외여행 간게 언제야?
   When was the last time you traveled abroad?

3. 우리가 마지막으로 같이 저녁 먹은게 언제였지?
   When was the last time we had dinner together?

📖 잊어버리기전에 한번 써보기

1. 마지막으로 휴가를 간게 언제야?
   > Hint 휴가를 갖다: have a holiday

   ▶ ....

2. 너하고 빌이 서로 마지막으로 본 것이 언제지?
   > Hint 서로: each other

   ▶ ....

   1. **When was the last time** you had a holiday?
   2. **When was the last time that** you and Bill saw each other?

내 입에서 영어가 나올 줄이야!

A: 네가 타미를 마지막으로 찾아간게 언제지?

B: I went down to Gwangju about a year ago to see him.

A: Maybe it's time to go down there again.

A: **When was the last time** you visited Tommy?

B: 일년 전쯤에 걔를 만나러 광주로 내려갔었지.

A: 이제 다시 내려갈 때가 된거 같아.

응용공식 087

That's not how S+V

…는 그렇게 하면 안된다

 만년초보 탈출하기

That's how~는 「그것이 …하는 방법이다」, 즉 「그런 식으로 …을 하는 것이다」라는 뜻. 이때 That's와 how 사이에 not을 넣어주면 「…는 그렇게 하면 안된다」, 「그런 식으로 …하지 않는다」는 뜻이 되어 상대방의 잘못된 방식을 지적하여 충고하거나 혹은 잘못 알고 있는 정보를 바로잡아줄 때 쓰는 표현이 된다. how 대신에 why를 넣으면 why 이하를 하게 된 「이유」를 설명하는 구문이 된다.

큰 소리로 영어문장 말해보기

1. 그 기계는 그렇게 작동하는게 아니야.
   That's not how the machine works.

2. 그건 이 문제를 푸는 방법이 아니야.
   That's not how you solve this problem.

3. 이야기가 그렇게 진행되는게 아니야.
   That's not how the story goes.

📖 잊어버리기전에 한번 써보기

1. 그건 그렇게 하면 안돼! 한번에 하나씩 해야 돼.
   Hint 한번에 하나씩 : one at a time

   ▶ _____

2. 여기서는 그렇게들 안해.
   Hint 여기서는: around here

   ▶ _____

  1. **That's not how** it works! You have to do it one at a time.

  2. **That's not how** we do things around here.

내 입에서 영어가 나올 줄이야!

A: I just told her to leave me alone. Problem solved.

B: 사람을 그렇게 대하는게 아냐.

A: Then how should I handle it?

A: 그냥 걔한테 나 가만히 놔두라고했어. 문제해결됐어.

B: **That's not how** you deal with people.

A: 그럼 어떻게 해야 하는데?

What do you say if~ ?

…라면 (그것에 대해) 어떻게 생각해?

 만년초보 탈출하기

어떤 일이 예상과 다르게 돌아가면 어떻게 하겠느냐고 묻는 표현으로 if 다음에는 만약의 경우 일어날 수 있는 돌발적인 상황을 말하면 된다. 이때의 if는 앞서 나온 I'll ask sb if~처럼 「…인지 아닌지」란 의미가 아니라 「만약 …라면」의 '가정'의 접속사. 「어떻게」라는 말에 현혹되어 How do you say if~?라고 하지 않도록 유의하자. 한편 What do you say?는 Hello, how are you?에 해당하는 가벼운 인사말 대용으로도 쓰이며, 때로는 뭔가를 제안하고 나서 「어때?」, 「(제안에 대해) 어떻게 생각해?」라며 상대의 답변을 요구할 때도 사용된다.

큰 소리로 영어문장 말해보기

1. 우리 내일 만나는거 어때?
   What do you say if **we meet tomorrow?**

2. 시간을 변경하면 어떨까?
   What do you say if **we change the time?**

3. 선생님이 왜 늦었냐고 물으시면 뭐라고 해?
   What do you say if **the teacher asks why you're late?**

잊어버리기전에 한번 써보기

1. 우리가 그들이 규정을 따르도록 하면 어때?
   Hint 규칙을 따르다: follow the rules

   ▶ _____

2. 우리가 그녀에게 추가 일을 좀 맡기면 그것에 대해 어떻게 생각해?
   Hint 잔업: extra work

   ▶ _____

   1. **What do you say if** we let them follow the rules?
   2. **What do you say if** we ask her to do some of the extra work?

내 입에서 영어가 나올 줄이야!

A: 그가 회사를 그만둔다고 결정한다면 넌 그에 관해서 어떻게 생각해?

B: I would say that it's better for the company that he leaves on his own terms.

A: I guess you're right.

A: **What do you say if** he decides to quit?

B: 제발로 걸어서 회사를 나가는게 회사를 위해서는 더 좋다고 생각해.

A: 네 말이 맞는 것 같아.

Isn't there any way to~ ?

…할 방법이 없나요?

 만년초보 탈출하기

to 이하를 할 수 있는 방법이 있는지 여부를 부정문의 형태로 강하게 반문하는 표현. 「…할 방법이 없을까요?」란 의미로 「…할 수 있는 방법을 알려달라」(Let me know how I can~)는 부탁의 뉘앙스를 담고 있다. 「수단」, 「방법」(method)을 뜻하는 way 뒤에 붙는 to 부정사는 앞에 나온 way를 수식하는 형용사적 용법으로 「…하는 방법」이란 뜻.

 큰 소리로 영어문장 말해보기

1. 이것의 속도를 높일 방법이 없나요?
   Isn't there any way to speed this up?

2. 그 여자를 웃길 방법이 없나요?
   Isn't there any way to make her smile?

3. 그 문제를 해결할 방법이 없나요?
   Isn't there any way to fix the problem?

📖 잊어버리기전에 한번 써보기

1. 그 USB에 수록된 정보를 복구할 수 있는 방법이 없나요?
   `Hint` 검색하다, 복구하다: retrieve

   ....

2. 연말 전에 제품 보증을 받을 수 있는 방법이 없나요?
   `Hint` 제품 보증을 받다: get the product certified

   ....

   1. **Isn't there any way to** retrieve the information from the USB drive?
   2. **Isn't there any way to** get the product certified before the end of the year?

내 입에서 영어가 나올 줄이야!

A: 보다 이른 항공편으로 떠날 수 있는 방법이 없나요?

B: I've checked with all the airlines and no one has space.

A: I guess we'll just have to wait.

A: **Isn't there any way to** leave here on an earlier flight?

B: 항공사에 모두 연락해 봤는데 빈 좌석이 있는 곳이 하나도 없대요.

A: 기다리는 수밖에 없겠군요.

I'd appreciate it if~
…해주시면 감사하겠습니다

만년초보 탈출하기

가정법 형식을 이용하고 있는 이 표현은 외관상 '감사'의 형태지만 I was wondering if you could~와 함께 공손한 표현에 속하는 대표부탁표현. 정중히 부탁하는 상황이라면 언제든 써먹을 수 있는 활용도 만점 표현이다. 구체적인 부탁 내용은 if 이하에 완전한 절(clause)의 형태로 이어지는데, if you would~나 if you could~ 등 과거시제 조동사나 그냥 과거형 동사가 등장하는게 보통이다.

큰 소리로 영어문장 말해보기

1. 나중에 다시 전화해 주시면 감사하겠습니다.
   I'd appreciate it if you could call me back later.

2. 이 보고서를 도와주시면 감사하겠습니다.
   I'd appreciate it if you could help me with this report.

3. 미리 알려주시면 감사하겠습니다.
   I'd appreciate it if you could let me know in advance.

잊어버리기전에 한번 써보기

1. 네가 앞으로 몇시간 동안 나를 방해하지 말아줬으면 좋겠어.
   Hint 방해하다: disturb sb

   ▶ _____

2. 퇴근할 때 나를 집에 데려다 주시면 감사하겠어.
   Hint ...를 차로 데려다 주다: give sb a lift[ride]

   ▶ _____

1. **I'd appreciate it if you** didn't disturb me for the next few hours.

2. **I'd appreciate it if you could** give me a ride home after work.

내 입에서 영어가 나올 줄이야!

A: 나와 함께 이 수치들을 검토해주면 고맙겠어.

B: I have to finish something right now, but I'll come by after I'm done.

A: I'll be in my office.

A: **I'd appreciate it if you could** go over these figures with me.

B: 지금 당장 끝내야 할게 좀 있거든. 하지만 이걸 마치면 들를게.

A: 사무실에 있을게요.

응용공식 091

There's no other way~

…할 다른 방법이 없다

 만년초보 탈출하기

way는 방법, 방식이라는 의미로 way to+V하게 되면 '…하는 방법'이나 '방식'을 말한다. 이를 바탕으로 다양한 회화공식문구를 만들어내는데,「…할 다른 방법이 없다」라고 할 때는 There's no other way to~, 반대로「…하는 다른 방법이 있다」라고 하려면 there's another way to~, 그리고「…하는 다른 방법이 있냐」고 물어볼 때는 Is there another way to~?라고 하면 된다. 또한 find the way to~나 figure out the way to~ 등의 형태로도 자주 쓰인다.

큰 소리로 영어문장 말해보기

1. 이걸 고치는 다른 방법이 분명히 있을거야.
   There's got to be another way to fix this.

2. 끝낼 수 있는 다른 방법이 없어.
   There's no other way to finish.

3. 이 경쟁에서 살아남는 방법이 한 가지 더 있다.
   There's another way to survive this competition.

잊어버리기전에 한번 써보기

1. 네 돈을 훔친 도둑을 찾을 방법이 없어.
   Hint ...의 돈을 훔치다: steal one's money from sb

   ▶ ....

2. 사업을 시작할 때 성공할 수 있는 다른 방법이 있어?
   Hint 사업을 시작하다: start a business

   ▶ ....

   1. **There's no other way to** find the thief who stole your money.
   2. **Is there another way to** become successful when starting a business?

내 입에서 영어가 나올 줄이야!

A: I hate spending every night studying English.

B: 쉽지 않지만 국제적인 직업을 얻으려면 다른 방법이 없어.

A: I know. I have to work hard if I want to be successful.

A: 매일 밤 영어공부하는게 정말 싫어.

B: It's tough, but **there's no other way to** get an international job.

A: 알아. 성공하고 싶으면 열심히 공부해야 되지.

How's it going with~?

…는 어때?

 만년초보 탈출하기

상황이나 상태가 어떠냐고 물어보는 표현으로 가장 간단한 것은 How's+명사?를 쓰면 되지만 How did it go~처럼 어떻게 되어가냐고 물어보는 go를 써서 How's it going with~? 혹은 How's[How are] N going의 형태로 물어 볼 수 있다. 물론 How's it going?은 친숙한 인사말 표현으로 「잘지내?」, 「요즘 어때?」라고 물어보는 표현이 된다.

큰 소리로 **영어문장 말해보기**

1. 이혼은 어떻게 돼가고 있어?
   How's it going with the divorce?

2. 네 아빠하고는 어때?
   How's everything going with your dad?

3. 폴하고는 어때?
   How are things going with Paul?

📖 잊어버리기전에 한번 써보기

1. 네 차 수리작업은 어떻게 돼가?
   Hint 차수리: repair work on one's car
   ▶ _____

2. 네 회사의 신입직원들은 어떻게 지내?
   Hint 신입사원들: the newcomers
   ▶ _____

1. **How's it going with** the repair work on your car?
2. **How are things going with** the newcomers at work?

내 입에서 영어가 나올 줄이야!

A: I joined a health club and started dieting a few months ago.

B: 정말? 더 건강해지려는 네 계획은 어떻게 되어가고 있어?

A: It's great. I feel like I have a lot more energy than before.

A: 난 헬스클럽에 가입해서 몇 달전부터 다이어트하고 있어.

B: Is that right? **How's it going with** your plan to be healthier?

A: 아주 좋아. 전에 보다 훨씬 힘이 넘치는 것 같아.

응용공식 093

What I'm trying to say is (that)~

내가 말하려는 것은 …야

만년초보 탈출하기

말하려는 내용을 언급하기 전에 「내가 하려는 얘기는 …야」라며 주의를 환기시키는 표현. 뭔가 이야기를 시작하려고 말문을 열 때, 또는 하고자 하는 얘기를 요약·정리하여 언급할 때 아주 유용하다. 관계 대명사 what이 이끄는 절 (what ~ say)이 전체 문장의 주어이며 that절 이하의 내용이 실제 말하려는 내용에 해당한다.

큰 소리로 영어문장 말해보기

1. 내가 말하려는 건 내가 널 사랑한다는거야.
   What I'm trying to say is I love you.

2. 내가 하려는 얘기는 그게 네 잘못이란 말이야.
   What I'm trying to say is it is your fault.

3. 내가 하고 싶은 말은 너무 빨리 포기하지 말라는거야.
   What I'm trying to say is that you shouldn't give up too quickly.

📖 잊어버리기전에 한번 써보기

1. 내가 말하려는 건 이 일을 하는게 편치 않다는거야.
   Hint 편안한: comfortable

   ▶ _____

2. 제이크가 하려는 말은 자기가 도움이 필요하다는 겁니다.
   Hint 도움이 필요하다: need help

   ▶ _____

   1. **What I'm trying to say is that** I don't feel comfortable doing this job.
   2. **What Jake is trying to say is that** he needs help.

내 입에서 영어가 나올 줄이야!

A: I don't understand. Please explain it to me again.

B: 내가 말하려는 건요, 다른 사람들과 같이 일하기 싫다는 겁니다.

A: Okay, I will give you some work to do on your own.

A: 이해가 안돼요. 다시 한 번 설명해 주시겠어요.

B: **What I'm trying to say is that** I don't want to be in the same group as the others.

A: 좋아요, 당신 혼자 할 수 있는 일들을 맡기죠.

응용공식 094

How did it go with~?

어떻게 되었어, 결과가 어떻게 나왔어?

만년초보 탈출하기

어떤 일의 진행상태나 결과가 어떻게 되었는지 물어보는 표현으로 How did it go?가 가장 전형적인 표현. 구체적으로 무엇이 어떻게 됐냐고 물어볼 때는 How did it go with~?라 쓰면 된다. 좀 더 넓게 생각해서 어떤 일이 어떻게 되었는지 궁금할 때는 How did it[that] 다음에 다양한 동사를 이어 붙여서 물어보고 싶은 것을 물어보면 된다. 또한 비슷한 의미로 What did sth say[tell you]~?라고 물어볼 수 있는데, 이는 영어적인 표현으로 직역하면 sth이 뭐라고 말했냐, 즉 의역하면 sth의 정보나 결과가 어떻냐고 물어보는 표현이다.

큰 소리로 영어문장 말해보기

1. 간밤에 크리스와는 어떻게 됐어?
   How did it go with Chris last night?

2. 어떻게 그렇게 된거야?
   How did that happen?

3. 이메일은 오늘밤 파티에 대해서 뭐래?
   What did the e-mail say about the party tonight?

📖 잊어버리기전에 한번 써보기

1. 학교 교수님들과의 회의는 어떻게 됐어?
   Hint 학교 교수님들: the school's professors

   _____

2. 걔 반응을 보니 걔가 어떻게 느끼는 것 같아?
   Hint ...가 느끼는 방식: the way that sb's feeling

   _____

1. **How did it go with** the meeting of the school's professors?
2. **What did** her response **tell you about** how she's feeling?

내 입에서 영어가 나올 줄이야!

A: 역사수업 시험 어떻게 됐어?

B: It was terrible. I'm pretty sure that I failed it.

A: I told you that you needed to study harder.

A: How did it go with your exam in history class?

B: 끔찍해. 난 낙제할게 확실해.

A: 내가 너 공부 더 열심히 해야 한다고 말했잖아.

The best way to + V1 is to + V2

V1하려면 V2하는게 제일 좋은 방법이야

만년초보 탈출하기

「…하는데 가장 좋은 방법은 …이다」라는 뜻으로 to 이하를 행하는 최선의 방법을 알려주는 표현이다. 첫번째 to 부정사는 way를 수식하는 형용사적 용법이고, 두번째 것은 is의 보어 역할을 하는 명사적 용법의 to 부정사. 결국 얘기하고자 하는 '비법'(the best way)은 두번째 to 이하에 언급해주면 된다.

큰 소리로 영어문장 말해보기

1. 영어를 배우는 가장 좋은 방법은 매일 연습하는거야.
   The best way to learn English **is to** practice every day.

2. 건강을 유지하는 가장 좋은 방법은 잘 먹고 운동하는거야.
   The best way to stay healthy **is to** eat well and exercise.

3. 새로운 단어를 기억하는 가장 좋은 방법은 자주 사용하는거야.
   The best way to remember new words **is to** use them often.

잊어버리기전에 한번 써보기

1. 우리와 계속 연락하려면 네 휴대전화를 항상 켜두는게 상책이야.
   `Hint` 언제든지, 항상: at all times

   ▶ _____

2. 이렇게 차가 막힐 때 시내에 가려면 지하철을 타는게 제일이지.
   `Hint` 시내에 들어가다: get downtown

   ▶ _____

   1. **The best way to** stay in touch with us **is to** have your phone on at all times.

   2. **The best way to** get downtown in this traffic **is to** take the subway.

내 입에서 영어가 나올 줄이야!

A: 사무실 직원의 사기를 유지하는 가장 좋은 방법은 이따금씩 파티를 여는거야.

B: You're probably right.

A: I'll organize one for the end of the month.

A: **The best way to** keep up office morale **is to** have a party once in a while.

B: 네 말이 맞는 것 같아.

A: 이달 말에 내가 파티를 주선할게.

응용공식 096

What I don't understand is how~

 내가 이해할 수 없는 건 어떻게 …하느냐는거야

🎓 만년초보 탈출하기

I don't understand how~와 관계대명사 what의 결합. 영어에는 이처럼 what을 이용한 관계대명사절을 문두에 놓고 그 뒤에 be 동사와 that절(혹은 의문사절)을 이어서(What S+V is that~) 쓰는 경우를 많이 볼 수 있다. 가령 I can't believe that~은 What I can't believe is that~로, I want to know when~은 What I want to know is when~ 등으로 변형시키는 경우가 다반사라는 말씀.

✏️ 큰 소리로 영어문장 말해보기

1. 내가 이해가 안 되는 건 이 기계가 실제로 어떻게 작동하는지야.
   What I don't understand is how this machine works.

2. 내가 이해할 수 없는 건 걔가 압박 속에서도 어떻게 그렇게 침착할 수 있는지야.
   What I don't understand is how she can stay so calm under pressure.

3. 내가 이해가 안 되는 건 네가 그렇게 많이 먹고도 살이 안 찌는거야.
   What I don't understand is how you can eat so much and never gain weight.

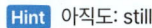 **잊어버리기전에 한번 써보기**

1. 내가 이해할 수 없는 건 어떻게 걔를 아직도 신뢰하냐는거야.
   Hint 아직도: still

   ▶ _____

2. 내가 이해가 안되는 건 어떻게 내 생일을 잊었냐는거지.
   Hint 생일을 잊다: forget one's birthday

   ▶ _____

   1. **What I don't understand is how** you still trust him.
   2. **What I don't understand is how** you forgot my birthday.

 **내 입에서 영어가 나올 줄이야!**

A: You seem confused about something. What is it?

B: 글쎄요, 이해할 수 없는 것은 이런 업무처리가 제가 여기서 하는 회계 업무와 어떻게 직접적으로 연관이 되느냐 하는 겁니다.

A: Oh, why don't you check the job manual?

A: 뭔가 혼란스러운게 있나보군요. 무슨 일이야?

B: Well, **what I don't understand is how** this procedure relates directly to my job here in accounting.

A: 아, 그럼 직무기술서를 한 번 보시죠?

응용공식 097

Don't get me wrong, but~

오해하진 마시구요,…

 만년초보 탈출하기

외국인과 대화할 때 조금이라도 오해(misunderstanding)의 소지가 있는 얘기를 꺼내게 된다면, 본론에 들어가기 전 서두에 Don't get me wrong, but~을 살짝 덧붙여 보자. 듣는 이의 오해를 사전에 방지할 수 있는 훌륭한 안전망이 될 수 있다. 또한 이미 자신의 말을 오해하고 언짢아 하고 있는 사람에겐 Don't get me wrong, but I never meant to~(오해하지마, …하려던 건 아니었어)라며 오해를 풀어줄 수도 있다.

큰 소리로 영어문장 말해보기

1. 오해하지마, 하지만 난 혼자 공부하는게 더 좋아.
   Don't get me wrong, but I prefer studying alone.

2. 오해하지마, 하지만 그 영화는 나한테 좀 지루했어.
   Don't get me wrong, but that movie was boring to me.

3. 기분 나쁘게 듣지마, 하지만 난 매운 음식을 별로 안 좋아해.
   Don't get me wrong, but I don't really like spicy food.

잊어버리기전에 한번 써보기

1. 오해하지는 말아요, 하지만 그 남자가 믿을 만하다고 확신하나요?
   Hint 믿을 만한: dependable

   ▶ ....

2. 오해하진 마세요, 하지만 제가 이 일을 잘할지 확신이 서질 않는군요.
   Hint ...을 잘하다: be good at~

   ▶ ....

   1. **Don't get me wrong, but** are you sure he's dependable?
   2. **Don't get me wrong, but** I'm not sure I'll be good at the job.

내 입에서 영어가 나올 줄이야!

A: 오해하지는 마세요, 하지만 그 사람은 이런 상황에선 당신 편이 되면 도움이 되는 사람이에요.

B: I suppose you're right.

A: Just make sure you're honest with him.

A: **Don't get me wrong, but** he's the kind of guy you want on your side in a situation like this.

B: 당신이 옳은 것 같네요.

A: 그 사람에게 솔직하게 대하기만 하세요.

I was wondering if you could~

…좀 해주시겠어요?

만년초보 탈출하기

I was wondering if~까지만 하면 말 그대로 「…인지 궁금해하고 있었다」란 의미. 그 뒤에 you could가 더해지면서 「…해주실 수 있는지 궁금합니다」, 즉 「…좀 해주시겠어요?」라는 예의를 갖춘 부탁 표현이 된다. 좀 길더라도 한 호흡에 내뱉을 수 있도록 연습해 두자. 또한 겉보기 시제(was wondering)와는 무관하게 '현재'의 부탁을 표현한다는 점 또한 필수 확인사항. I'd like you to~와 같은 맥락의 표현이다.

 큰 소리로 영어문장 말해보기

1. 부탁 하나 해도 될까요?
   I was wondering if you could **do me a favor.**

2. 저한테 몇 달러만 좀 빌려 주시겠어요?
   I was wondering if you could **lend me a few bucks.**

3. 나 차에 태워 주시겠어요?
   I was wondering if you could **give me a ride.**

📖 잊어버리기전에 한번 써보기

1. 저 좀 도와주시겠어요?
   Hint ...를 도와주다: give sb a hand

   ▶ _____

2. 오늘 중에 저한테 전화 좀 해주시겠어요?
   Hint 오늘 중에: sometime during the day

   ▶ _____

   1. **I was wondering if you could** give me a hand.
   2. **I was wondering if you could** call me sometime during the day.

내 입에서 영어가 나올 줄이야!

A: 지리산에 가는 방법을 좀 알려주시겠어요?

B: Sure, get on the highway over there, and follow it south. It takes about five hours from here.

A: Wow, I thought it was closer.

A: **I was wondering if you could** tell me how to get to Jirisan.

B: 물론이죠, 저쪽으로 난 고속도로를 타고 남쪽으로 쭉 따라가세요. 다섯 시간 정도 걸릴 겁니다.

A: 세상에, 가까운 줄 알았는데.

응용공식 099

All I'm asking is for you to~

 내가 너한테 바라는 것은 …밖에 없어

만년초보 탈출하기

I ask you to+V(네가 …하기를 바란다)의 변형으로, that이 생략된 관계사절 I'm asking의 수식을 받는 all이 전체 문장의 주어. 직역하자면 「내가 바라는 전부는 네가 …하는 것이다」, 즉 「네가 꼭 좀 …해주었으면 좋겠다」라는 간절한 바램을 나타낸다. 아울러 to+V의 의미상 주어인 for you 대신 All I'm asking is for Tom[her] to~(내가 탐[그 여자]에게 바라는 건 …뿐이다) 등과 같이 다양하게 바꿔가며 연습을 해보자.

큰 소리로 영어문장 말해보기

1. 내가 원하는 건 네가 내 말을 들어주는 것뿐이야.
   All I'm asking is for you to listen to me.

2. 내가 원하는 건 네가 최선을 다해 주는 것뿐이야.
   All I'm asking is for you to try your best.

3. 그에게 바라는건 그가 약속을 지켜주는 것뿐이야.
   All I'm asking is for him to keep his promise.

잊어버리기전에 한번 써보기

1. 넌 여기서 네가 맡은 일을 열심히 해주기만 하면 돼.
   `Hint` 역할을 다하다: pull one's weight

   ▶ ....

2. 그 파티에 가서 안부인사만 하면 돼.
   `Hint` 안부 인사하다: say hello

   ▶ ....

   1. **All I'm asking is for you to** pull your weight around here.
   2. **All I'm asking is for you to** come to the party and say hello.

내 입에서 영어가 나올 줄이야!

A: 조, 넌 그 사람들한테 가서 말을 걸기만하면 된다구.

B: It is hard, because we don't get along. Why don't you go and talk to him?

A: I think it's best if you go. You could learn a lot from this experience.

A: Joe, **all I'm asking is for you to** go and talk to them.

B: 우린 사이가 좋지 않아서 곤란해. 네가 가서 말을 걸어봐.

A: 네가 가는게 좋은거 같아. 이런 경험을 해보면 배우는게 많거든.

I wouldn't say that~, but~

…라고 할 수는 없지만, …해

만년초보 탈출하기

I wouldn't say that~은 「…라고는 할 수 없지」라며 특정 상황에 대한 자신의 부정적인 인식을 조심스럽게 표시하는 방법. 허나 일방적이고 편파적인 판단을 지양하기 위해서는 말미에 but을 달아 덧붙일 만한 긍정적인 사항을 언급해주면 된다. 특정 상황에 대한 부정적·긍정적인 면을 동시에 표현함으로써 보다 균형잡힌 견해를 피력하는 요령이라 하겠다.

큰 소리로 영어문장 말해보기

1. 그가 게으르다고는 못하겠지만, 일을 좀 느리게 하긴 해.
   I wouldn't say he's lazy, **but** he does take his time.

2. 그게 불가능하다고는 못하겠지만, 아주 어려울거야.
   I wouldn't say it's impossible, **but** it will be very difficult.

3. 그 영화가 끔찍했다고는 못하겠지만, 그렇다고 훌륭하진 않았어.
   I wouldn't say the movie was terrible, **but** it wasn't great either.

잊어버리기전에 한번 써보기

1. 우리가 절친이라고 할 수는 없지만, 사이가 나쁘지 않아.
   Hint 잘 지내다: get along well

    _____

2. 그 여자가 무례하다고는 못하겠지만 꽤나 직설적이야.
   Hint 무례한: rude

    _____

---

1. **I wouldn't say** we're close friends, **but** we get along well.

2. **I wouldn't say** she is rude, **but** she can be pretty direct.

내 입에서 영어가 나올 줄이야!

A: Why did we hire that young man?
B: 그건, 그 사람이 똑똑하다고 말할 수는 없지만, 영향력있는 사람들을 많이 알고 있거든요.
A: I just hope we can use some of his contacts.

A: 왜 저 청년을 고용한거죠?
B: Well, **I wouldn't say** he's smart, **but** he knows a lot of influential people.
A: 그 사람의 연줄을 이용할 수 있기를 바랄 뿐이에요.

응용공식 101

How can you (even) think about[of] + ~ing?

도대체 어떻게 …라는 생각을 할 수 있는거지?

만년초보 탈출하기

표현 첫머리에 How가 눈에 띈다고 해서 '방법'에 관한 질문이라고 생각했다면 큰 오산. 도무지 납득하기 힘든 행동에 대해 항의를 하거나 비난조로 던지는 수사의문문이며 even은 말하는 사람의 불쾌한 감정을 더욱 강조하는 역할을 하고 있다. 풀어 쓰자면 I can't even understand what you are going to do(네가 하려는 일을 도무지 이해할 수가 없어)란 얘기.

큰 소리로 영어문장 말해보기

1. 어떻게 항상 자기 자신만 생각할 수 있니?
   How can you think about yourself all the time?

2. 그렇게 쉽게 포기할 생각을 어떻게 할 수 있니?
   How can you think of giving up so easily?

3. 지금 그만둘 생각을 도대체 어떻게 할 수 있어?
   How can you even think about quitting now?

📖 잊어버리기전에 한번 써보기

1. 어떻게 비트코인을 산다는 생각을 하니?
   Hint 비트코인을 사다: buy bitcoins

   ▶ _____

2. 어떻게 네 절친에게 거짓말할 생각을 할 수 있어?
   Hint 절친: one's best friend(bestie)

   ▶ _____

1. **How can you even think about** bu**ying** Bitcoin?
2. **How can you think about** l**ying** to your best friend?

내 입에서 영어가 나올 줄이야!

A: 우리가 이렇게 바쁜데 어떻게 휴가를 가겠다는 말이 나오니?

B: The company owes me six weeks' vacation and I'm thinking of quitting soon.

A: Now I understand why you want your vacation time.

A: How can you think about ask**ing** for time off when we're so busy?

B: 내가 쓸 수 있는 휴가가 6주나 있는데, 난 곧 회사를 그만둘 생각이거든.

A: 네가 휴가를 가겠다고 하는 이유를 이제야 알겠다.

응용공식 102

That's what made sb + V

그래서 …가 …했어

만년초보 탈출하기

That's why S+V와 동일한 의미. 먼저 '이유'를 언급하고 난 후, 「바로 그것 때문에 …하게 되었다」라며 그로 인한 '결과'를 설명하는 표현이다. 예를 들어 「그 남자가 로또에 당첨되어 포르쉐 자동차를 샀다」는 말은 He won the lottery and that's what made him buy a Porsche(그 남자 로또에 당첨되었거든, 그래서 포르쉐 자동차를 산거야)라는 식으로 표현할 수 있다는 것이다.

 큰 소리로 **영어문장 말해보기**

1. 그래서 그 여자가 울었어.
   That's what made **her cry.**

2. 그래서 우리가 진거야.
   That's what made **us lose.**

3. 그래서 사장이 화난거야.
   That's what made **the boss angry.**

📖 잊어버리기전에 한번 써보기

1. 그 사람은 대학에 들어갔는데, 그것 때문에 직장을 그만둔거야.
   Hint ...에 들어가도록 허가받다: get accepted to

   ▶ _____

2. 속도위반 딱지를 10번이나 떼여서 갠 그 때문에 속도를 늦추게 됐어.
   Hint 속도위반 딱지를 떼이다: get a speeding ticket

   ▶ _____

1. He got accepted to university, and **that's what made** him quit his job.

2. He got ten speeding tickets, and **that's what made** him slow down.

내 입에서 영어가 나올 줄이야!

A: 그 여자는 얼음물 속에 빠져서 동사하게 된거야.

B: That's so sad. And I just talked to her yesterday.

A: Life is so unpredictable.

A: She fell through the ice, and **that's what made** her freeze to death.

B: 정말 안됐다. 바로 어제 그 여자와 얘기를 했었는데.

A: 인생은 정말 예측불허야.

응용공식 103

All I can tell you is that~

내가 해줄 수 있는 말은…

만년초보 탈출하기

난이도 높은 표현으로 「내가 너에게 해줄 수 있는 말은 …뿐이다」라는 의미. 뉘앙스는 비밀이기 때문에, 내가 알고 있는게 없어서, 혹은 자신이 하는 말에 자신이 없어서 등 다양한 의미를 가질 수 있다. "지금 당장"이라는 시간부사를 종종 넣기도 하는데 이때는 All I can tell you right now is~라고 쓰면 된다.

큰 소리로 영어문장 말해보기

1. 지금 당장 내가 해줄 수 있는 말은 남자아이라는 것뿐야.
   All I can tell you right now is it's a boy.

2. 내가 해줄 수 있는 말은 우리에게 계획이 있다는거야.
   All I can tell you is that we do have a plan.

3. 지금 내가 말할 수 있는 건 기다려봐야 한다는거야.
   All I can tell you right now is we'll have to wait and see.

잊어버리기전에 한번 써보기

1. 내가 해줄 수 있는 말은 크리스에게 약에 대해 주의를 줬다는거야.
   Hint 경고하다: warn sb about~

    ....

2. 내가 해줄 수 있는 말은 그걸 걔한테 줄 때는 그건 온전했다는거야.
   Hint 온전하다: be in one piece

    ....

1. **All I can tell you is** I did warn Chris about the drug.
2. **All I can tell you is** when I gave it to him, it was in one piece.

내 입에서 영어가 나올 줄이야!

A: Did you get the money I left for you on the table?

B: Money? I never saw any money. Where is it at?

A: 내가 해줄 수 있는 말은 내가 거기에 50달러를 놓았다는거야.

A: 내가 너 줄려고 탁자에 놓고 온 돈 받았어?

B: 돈? 땡전 한푼 못봤는데. 어디있는거지?

A: **All I can tell you is that** I put fifty dollars right here.

MEMO

SECTION 3
재미난 영어세계 이모저모

❶ 알쏭달쏭 영단어 구분하기
❷ 바로잡자! 콩글리시!
❸ 사연있는 영어표현들

1. 알쏭달쏭 영단어 구분하기

make • manufacture • produce • assemble • construct • create

make

「판매하기 위해서 만들다」(make things to be sold)라는 의미의 단어 중에서 가장 일반적인 단어.

- **The lady called her daughter to tell her that she would not be able to make dinner until 7:00 PM.**
  그 부인은 딸에게 전화해서 저녁 7시나 되어야 저녁식사를 준비할 수 있을거라 말했어.

manufacture

「기계설비 등을 이용하여」(using machinery) 원재료를 가공해 「공장에서 대규모로 제품을 생산하는」(make large quantities of things in a factory) 것을 의미한다.

- **The company decided not to manufacture the tables anymore due to poor demand.**
  회사에서는 수요가 너무 적어서 더 이상 식탁을 생산하지 않기로 했다.

produce

「재료 등을 이용하여 상품가치가 있는 제품이나 농산물을 만든다」는 뜻으로 주로 「생산량」을 언급할 때 많이 쓰인다.

- **Boeing produces the most single-engine airplanes of any company in the world.**
  보잉사는 세계의 여느 회사들보다 싱글 엔진 비행기를 가장 많이 만든다.

assemble
「부품들을 조립하여 완성품을 만든다」는데에 초점을 둔 단어.

- **In order to assemble the cars more quickly, the company purchased an automated assembly line from Ford.**
  차를 더 빨리 생산해내기 위해서 그 회사는 포드사로부터 자동생산라인을 사들였다.

construct
빌딩 등을 「설계나 계획에 따라 조립하여 만든다」는 뜻. 유사한 의미인 fabricate에는 특히 인위적으로 조립하여 만든다는 뉘앙스가 짙게 풍긴다.

- **The boss decided to construct a new office tower in the central business district.**
  사장은 상업 중심지역에 오피스 빌딩을 신축하기로 결정했다.

- **The workers were told to fabricate a plastic that would resist high temperatures.**
  일꾼들은 고열에 견딜 수 있는 플라스틱을 만들어내라는 지시받았다.

create
뭔가 새로운 것을 「창조해내는」 것을 말한다.

- **The manager tried to create a new product that would revolutionize the industry.**
  경영주는 그 업계에 혁신을 가져 올 신상품을 만들기 위해 노력했다.

1 알쏭달쏭 영단어 구분하기

price • cost • charge • rate • fee • fare

price

「상품을 구입시 지불해야 되는 금액」(amount of money you must pay in order to buy something). 즉, 일반적으로 「가격」을 지칭하는 단어이다.

- **The price has not changed in the last three weeks.**
  지난 3주간 가격변동은 없었다.

cost

반면 cost는 물건을 제조하거나 구입하는데 소요되는 돈으로 「원가」나 「비용」을 말한다. price와의 차이점을 제조업자의 입장에서 본다면 price는 이윤이 포함되는데 반하여 cost는 이윤이 제외된다.

- **The cost of doing business in Indonesia has fallen dramatically in recent months.**
  인도네시아에서의 사업 비용이 최근 몇 개월간 급락하였다.

charge

제품에 대해 지불하는 돈인 price나 cost와는 달리 charge는 주로 배달료(delivery service)나 호텔료(hotel charge)에서 보듯 일정한 서비스나 전기료(electricity charge)처럼 「뭔가 사용한 것에 대한 대금」을 말한다.

- **The charge for the goods was 40% higher than before the crisis.**
  제품에 대한 사용 요금이 경제 위기 전보다 40% 인상되었다.

rate

rate은 주로 백분율(%)로 표시된 요금을 말하는 것으로 hourly rate은 「시간당 요금」을, 그리고 interest rate은 「이자율」을 말한다.

- **IMF officials declared that the interest rate between banking institutions would be lowered.**
  IMF 관리들은 은행 상호간 금리가 인하될 것이라고 발표했다.

fee

charge처럼 일정 서비스에 대한 대가로 치뤄지는 요금을 말하는 것이나 주로 「변호사 수임료」(contingency fee)나 「등록비」(registration fee)와 같은 「전문적이고 공식적인 서비스 요금」을 지칭할 때 사용된다.

- **A fee will be charged on every car that is imported this month.**
  이 달에 수입된 모든 차량에 일정 요금이 부과될 것이다.

fare

역시 서비스료를 말하는 것이나 주로 버스, 기차, 비행기 등의 「운송수단을 이용하고 지불하는 돈」을 말한다. 또한 toll은 「통행료」로 다리나 어떤 길을 차로 통과할 때 지불하는 금액. 따라서 toll gate하면 통행료를 지불하는 관문이 되는 것이다.

- **The fare to Hawaii has not gone up much in the past few years.**
  하와이행 항공료는 지난 몇 년간 많이 오르지 않았다.

1 알쏭달쏭 영단어 구분하기

recession • panic • slump • depression • stagflation • crash

recession

「성장률이 떨어지고 무역이 감소하여 실업률이 늘어나는 시기」(a period of reduced trade and business activity), 즉 「경기후퇴」를 말하는 것으로 「일시적이거나 순환적인 가벼운 불황」을 의미한다.

- **Many of our customers are reluctant to buy anything big because of the recession.**
  상당수의 고객들이 경기후퇴로 인해 큰 규모의 물품 구입을 꺼려한다.

panic

「돌연한 공포·당황」(a state of sudden uncontrollable quickly spreading terror or anxiety)을 의미하는 panic이 경제 용어로 사용되면 depression과 같이 「공황」을 뜻하게 된다. 그만큼 공황의 상황은 끔찍하고 공포스럽다는 말씀.

- **In a state of panic, customers are with drawing all their money from the banks**
  공황 상태에서 고객들은 은행에 넣어두었던 돈을 모두 인출하고 있다.

slump

「사업 여건이나 실업 문제가 심각하게 좋지 못한 시기」(a period of seriously bad business condition and unemployment), 또는 「(물가·증권 시세 등의) 폭락」를 뜻하는 단어로 「침체된 경기동향(economic trend)」을 가리킴.

- **The sales team has been in a real slump the last few months.**
  지난 몇 달간 영업팀은 심각한 침체기에 있다.

depression

경기가 수년간 최저의 상태에 빠져 바닥을 헤매이는 「장기적인 경기불황」(a long period of seriously reduced business activity and high employment)을 뜻하는 것으로 the (Great) Depression하면 1929년의 「세계 대공황」을 의미한다.

- **It has been seventy years since the last great depression.**
  지난 번 대공황 이후 70년의 세월이 흘렀다.

stagflation

「정체」, 「침체」란 의미의 stagnation과 「물가인상」이란 뜻의 inflation이 합쳐져 만들어진 단어로 「불황 하의 물가고」(an economic condition in which there is inflation but the economy is not growing)를 의미한다.

- **According to the government, we have been experiencing stagflation for the last six months.**
  정부측에 따르면 우리는 지난 6개월간 경기 불황하의 물가고를 경험해 왔다.

crash

「갑작스럽게 닥친 심각한 경기침체 및 하락」(a sudden severe business failure)을 의미하는 것으로 「주식시장의 폭락」을 말할 때도 이 단어를 사용 할 수 있다.

- **Predicting a crash, he removed all his funds from the stock market**
  주식 폭락이 예측되어 그는 주식 시장에서 모든 투자금을 회수했다.

1. 알쏭달쏭 영단어 구분하기

objective • purpose • target • goal • aim • intention

objective

「오랜 기간의 노력을 통해 성취할 수 있는 대상」(something that must be worked towards over a long period to accomplish)으로 object와 함께 「목적」, 「목표」의 뜻을 갖는데 차이가 있다면 object는 어떤 「행동·사고의 대상」을, objective는 「추구·노력의 구체적 대상」을 의미하는 경우가 많다.

- **Our objective is to sell all the inventory before the New Year.**
  신년 전에 모든 재고품을 매각하는 것이 우리의 목표입니다.

purpose

「의도하거나 바라는 결과」(an intended or desired result)를 뜻하는 단어로 마음속에 「확실히 정한 목적」, 「결심한 의도」를 말한다.

- **The purpose of this meeting is to figure out why we lost the deal.**
  이 회의의 목적은 우리가 그 계약을 성사시키지 못한 이유를 밝히는 것입니다.

target

「달성해야 할 목표」(a goal to be reached), 또는 「목표 대상」(something targeted)을 뜻하는 말로 보통 비즈니스나 정치적인 문맥에서 공략 대상 고객(target customer), 공략 시장(target market)등을 말할 때 쓰인다. 또 target이 동사로 쓰이면 「…을 목표로 삼다」의 의미가 된다.

- **We have to target a larger market if we are to survive.**
  살아남기 위해서는 더 거대한 시장을 목표로 삼아야만 합니다.

goal

「얻기를 희망하는 대상이나 위치」(an object or a position one wishes to reach or obtain)를 가리키며 개인이나 회사, 혹은 국가가 「미래에 달성해야 할 목표」를 말하고 싶을 때 쓸 수 있다.

- **Their goal is to keep the company running until the summer.**
  여름까지 회사를 계속 운영해나가는 것이 그들의 목표입니다.

aim

aim 역시 「목표」를 의미하지만 「샛길로 빠지지 않고 그 목적을 위해서만 매진한다」(something toward which one makes a direct line, refusing to be diverted from it)는데서 차이가 있으며 objective보다는 informal한 단어이다.

- **Our aim is to make your stay as pleasant as possible.**
  가능한 한 편안히 머물도록 해드리는 것이 우리의 뜻입니다.

intention

이 역시 「의도」, 「목적」을 의미하는데, purpose가 심정적으로 달성하려는 목표를 의미하는데 반해 intention은 머리속으로 목표에 따른 결과, 효과까지 정확히 계산하고 있는 경우에 쓸 수 있다. 이와 비슷한 모양의 intent 또한 같은 의미이나 법률용어로 주로 쓰인다.

- **It was my intention to bring the results of the survey.**
  그 조사의 결과를 이끌어내는 것이 제 목적이었습니다.

1 알쏭달쏭 영단어 구분하기

earnings • income • revenue • proceeds • profit

earnings

earnings는 뭔가를 「노력과 노동」을 통해서 얻는다는 의미의 동사 earn에서 파생된 것으로, 「노동을 통해서 번 돈의 총합」(sums of money earned by working)을 의미한다.

- **Our company's earnings have increased steadily over the past five years.**
  우리 회사의 소득은 지난 5년 동안 꾸준히 증가했다.

income

income은 돈을 버는 source가 노동뿐만 아니라 주식배당(share dividends), 자산(property)이나 저축(savings) 또는 다른 투자(other investments) 등에 의해 벌어들이는 이자·이윤 등과 같은 「불로소득」(unearned income)도 포함한다는 점에서 earnings와는 차이가 있다.

- **We will need to have proof of your yearly income before we approve your loan.**
  융자를 받으시려면 우선 연간 소득 증명서를 제출하셔야 합니다.

revenue

역시 우리말의 「소득」으로 옮겨져 income과 유사한 의미로 쓰이지만, 십중팔구는 「회사나 조직의 매출을 통해서 거둬들이는 돈」(money that a company or an organization receives through sales)을 언급할 때 쓰인다. 즉, 개인의 사적인 소득(private individual's income)을 말할 때는 revenue를 쓰지 않는 것이 일반적이다.

- **The country's revenue has increased at least five percent since the recession.**
  경기 침체 이래로 국내 수익이 최소 5%는 증가했다.

proceeds

「상품을 판매하거나 집을 팔거나 혹은 증권을 팔거나 발행함으로써 받게 된 현금, 자산 등의 총액」으로, 즉 「뭔가를 팔거나 사업을 통해서 얻게 된 돈의 총액」(all the money that you get from selling something or from a business activity)이다. 「소득」, 「매상고」, 「수익」 등의 다양한 의미로 옮겨진다.

- **We will donate the proceeds from the auction to the hospital.**
  경매에서 얻은 수익금을 병원에 기부할 겁니다.

profit

profit이야말로 알짜배기 소득! revenue나 proceeds에서 비용(costs)을 뺀 나머지 액수, 즉 「이익」을 뜻하는 말이다.

- **I heard that they made almost ten million dollars profit from the land deal.**
  그들은 그 토지 거래로 거의 1000만 달러의 이익을 봤다고 들었어요.

1 알쏭달쏭 영단어 구분하기

appreciate • value • prize • evaluate • assess • appraise

appreciate

일정기간 동안에 차츰 가치가 올라가다(become gradually more valuable). 이와 반대의 의미를 지닌 단어는 depreciate.

- **Their property will appreciate a great deal when the development goes through next year.**
  내년에 개발이 끝나면 그 사람들의 부동산은 가격이 오를 것이다.

value

가장 일반적으로 무언가의 가치를 결정하다는 뜻을 지닌 단어. 특히 이런 일을 직업으로 하는 경우에 이 단어가 즐겨 사용된다.

- **The invention has been valued at over a billion dollars**
  그 발명품은 10억달러 이상의 가치가 나갔다.

prize

「(가치있고 중요하여) 높이 평가하다」(value highly), 「소중히 여기다」는 의미.

- **We prize entrepreneurs like yourself and we would like to offer you a job.**
  우리는 당신과 같은 사업가적 자질을 가진 사람을 높이 평가하기 때문에 당신에게 일자리를 주고 싶습니다.

evaluate

「(계산적으로) 가치에 대한 판단을 하다」라는 뜻으로 다른 단어들에 비해 보다 구체적인 의미.

- **They will need to evaluate the real cost before they make a decision.**
  그 사람들은 결정을 내리기 전에 실질적인 원가를 평가할 필요가 있을 것이다.

assess

역시 「(무엇의) 양이나 가치를 측정하거나 결정하다」(calculate or decide the value or amount of)는 의미인데 다른 단어들 보다 평가의 방법이 더 공개적인 경우에 적합하다.

- **He wants us to assess the damage caused by the storm.**
  그 사람은 우리가 폭풍으로 인해 발생한 손실을 평가해 주었으면 한다.

appraise

사람이나 사물의 효율성, 실용성 그리고 성공 여부에 대해 판단하다는 뜻. 이것 역시 평가가 공식적(official)이고 형식적(formal)인 경우가 많다.

- **You should get the ring appraised because it's worth quite a lot of money.**
  당신은 그 반지가 제대로 평가되도록 해야 하는데 왜냐하면 그것은 상당한 가격이 나가기 때문이다.

1 알쏭달쏭 영단어 구분하기

dialect • vernacular • colloquial • jargon • slang • cliché

dialect

표준어(standard language)에 비교되는 변종(variation)의 말로 단어, 문법 그리고 발음상 지방이나 지역의 특징을 갖춘 말이다. 일반적으로 흔히 말하는 「방언」, 「사투리」에 해당한다.

- **He has some sort of dialect that makes it difficult to understand what he's saying.**
  그 사람은 약간 사투리 비슷한 말을 하기 때문에 무슨 말을 하는지 알아듣기 힘들어.

vernacular

여러가지 언어가 혼재하는 국가의 경우, 그들의 공식언어(official language)에 대해 개별적으로 어느 특정 지역에서만 사용되는 말을 일컫는다.

- **You should avoid using the vernacular when speaking to the trainees.**
  훈련생들에 얘기할 때는 지방어 사용을 피해야 해.

colloquial

공식적인 자리를 제외하고 일상 대화에서 친밀하게 사용되는 「구어체 표현」을 뜻하는 colloquialism의 형용사. 가령, nuts가 구어체에서 mad(미친)라는 의미로 흔하게 사용되는 경우가 그 예이다.

- **There's a lot of colloquial talk that I still don't understand.**
  난 아직도 이해가 안되는 구어체가 많아.

jargon

특별한 직업을 가졌거나 특수한 주제에 대해 이야기하는 사람들 사이에서만 사용되는 「특수용어」.

- **I couldn't believe the jargon that was coming from their mouths.**
  난 그들의 입에서 튀어나오는 자기들만 이해할 수 있는 말에 정말 놀랐어.

slang

특정 부류의 사람들이 자주 즐겨 쓰는 말로 이에 속하지 않는 사람들은 이해하기 어려운 「속어」. 주로 젊은 층이나 범죄자들 사이에서 혹은 군인들에게서 이런 속어들이 많이 나타난다.

- **I couldn't believe how much slang they used in their promotional video.**
  그들은 자신들의 회사 홍보용 비디오에 그렇게 엄청나게 속어를 많이 쓰다니 믿을 수 없을 지경이야.

cliché

너무 오래된 표현이라 그 본래의 의미가 많이 퇴색되어(lose its original meaning) 지금 쓰면 사람이 어리석어 보이고(seem stupid), 적절한 의사전달이 어려운 말. 우리말로는 「상투어」 정도의 의미로 사용된다.

- **I don't want to hear any more of those stupid cliches around here.**
  나는 여기서 그 어리석은 뻔한 말을 더 이상 듣고 싶지 않아.

1 알쏭달쏭 영단어 구분하기

charming • attractive • enchanting • captivating • fascinating • gorgeous

charming

「매력적인」,「호감이 가는」이란 뜻. 주의를 끌 만큼 매너가 좋다거나 해서 사람들이 좋아할 수 밖에 없는 타입의 사람을 말할 때 사용할 수 있다.

- **I've never met a more charming salesman in my entire time at the company.**
  난 입사이래 그 사람만큼 매력적인 판매사원은 본 적이 없다.

attractive

비교적 일반적인 쓰임새를 갖는 단어. 좋아하거나 관심을 가질 만한 자질(quality), 가령, 잘생긴(good-looking) 외모의 사람이나 맘에 드는 계약조건 등이 「매력적」이라고 할 때 사용하면 적절한 단어.

- **That new receptionist that they hired is quite attractive.**
  회사에서 새로 고용한 그 안내계원은 꽤 매력적이다.

enchanting

뭔가에 홀린 듯이 황홀하게 만든다거나 기쁘게 하는 것이라면 바로 enchanting하다고 할 수 있다. Tom Cruise의「매혹적인 미소」(enchanting smile)에 마음을 빼앗겨봤다면 쉽게 이해될 것이다.

- **There's an enchanting little bed and breakfast that's very close to where the seminar is being held.**
  세미나가 열리고 있는 곳 아주 가까이에 아주 멋진 민박집이 있다.

captivating

enchanting과 비슷한 의미로 무언가가 마음을 사로잡을 정도로 「매혹적인」 경우를 가리키는 단어.

- **He was one of the most captivating speakers that I have ever listened to.**
  그 사람은 내가 이제껏 들어본 연설 중 가장 매혹적인 연설을 하는 사람 중의 한 명이다.

fascinating

사실이나 정보 혹은 생각 등을 더 많이 알고 싶게 만들 정도로 「굉장히 흥미로운」 (extremely interesting)이란 의미의 단어.

- **The video that they produced for their product was fascinating.**
  그 회사에서 제품 홍보를 위해 만든 비디오는 굉장히 흥미롭다.

gorgeous

성적인 매력이 묻어 날 정도로 아름다운 외모의 여성에게 해주면 좋을 단어로 「눈부신」, 「화려한」이란 뜻.

- **She is without a doubt the most gorgeous girl in the office.**
  그 여자가 사무실에서 가장 눈부시게 아름다운 여성이라는 것은 의심의 여지가 없다.

1 알쏭달쏭 영단어 구분하기

summit • peak • climax • zenith • acme

summit

「정상회담」이란 뜻 이외에 「산의 정상」이나 「궁극적인 목표 지점」 등을 의미하는 단어로 아주 보편적인 쓰임새를 자랑한다.

- **Sir Edmund Hilary was the first man to reach the summit of Mt. Everest.**
  에드먼드 힐러리 경은 최초로 에베레스트 산 정상에 도달한 사람이다.

- **The summit is expected to last three days.**
  정상 회담이 사흘간 계속될 것으로 예상된다.

peak

summit과 마찬가지로 「산 꼭대기」란 의미로 쓰이지만 느낌은 좀 달라서 멀리서 보이는 '뾰족한' 산 꼭대기의 모습을 나타낸다. 요즘에 와서는 peak time의 형태로 「수요가 가장 많거나 이용이 가장 빈번한 시간」(when there is most demand for sth or most use of sth)을 나타내는 경우가 많다.

- **You may not be able to find a flight because it's the peak travelling time.**
  최고로 붐비는 여행 시즌이라 비행편을 못 구할지도 모른다.

climax

흔히들 '클라이막스'라고 대충 발음하고 마는 바로 그 단어. 우리가 자주 쓰듯 영화 등 각종 극이나 일상적인 행사, 사건 따위의 「절정」, 「제일 중요한 순간」이란 의미로 쓰인다.

- **The climax of the event will be when everyone receives a five-hundred dollar bonus.**
  사람들이 모두 5백 달러의 보너스를 받게 될 때가 이번 행사에서 제일 중요한 순간이다.

zenith

「제일 잘 나가던 때」란 뜻으로 「전성기」, 또는 태양 등 천체가 가장 높이 떠있는 「천정」의 의미.

- **The zenith of his career was when he made a killing on his stock options.**
  그 친구가 스톡 옵션으로 순식간에 떼돈을 벌었을 때가 그 직업에 종사하면서 최고로 잘 나갈 때였지.

acme

「발전, 성공, 업적 따위가 최고(the highest point of achievement or excellence)에 이른 상태」를 일컫는 말. 발음에도 신경쓰자.

- **He reached the acme of success in her profession.**
  그는 자신의 직업에서 성공의 절정에 올랐다.

2 바로잡자! 콩글리시!

먼저 틀린 곳을 찾아보자!

A: Could you get me a ballpen that works?
B: Do you want any particular color?
A: Any color except for red is okay.
B: I'll get you the black one from your desk.

> A: 쓸 만한 볼펜 하나만 나한테 가져다 줄래?
> B: 특별히 원하는 색 있니?
> A: 빨간색만 아니면 돼.
> B: 네 책상에서 검정색 펜을 갖다줄게.

정답부터 확인해보고~

ballpen (X)
(ballpoint) pen (O)

그럼 왜 그럴까??

줄여서 사용하기를 즐겨하는 미국인들이지만 줄여도 제대로 줄여야지. 볼펜은 ballpoint pen을 줄여 부르는 말이지만 이건 어디까지나 우리들만의 콩글리시. ballpoint pen으로 부르거나 아니면 팍 줄여 그냥 pen이라고만 해주어도 된다.

 **먼저 틀린 곳을 찾아보자!**

A: Make sure you get can beer so we don't have to worry about broken bottles.
B: How much beer do you want?
A: You can pick up a couple of cases.
B: I'll be back in a bit.

> A: 병 깨지는거 걱정할 필요없게 꼭 캔 맥주 가지고 오도록 해.
> B: 맥주 얼마나 마실건데?
> A: 두 박스만 가지고 와.
> B: 금방 갔다올게.

 **정답부터 확인해보고~**

can beer (X)
canned beer (O)

 **그럼 왜 그럴까??**

이번에는 좀 정확하고 논리적인 영어배우기. 「캔 맥주」는 캔(can)에 들어있는 맥주라는 의미로 canned beer라고 해야 한다. 마찬가지로 우리말에서 자연스럽게 쓰이는 「아이스 티」 역시 ice tea가 아닌 iced tea로 써야 한다.

2 바로잡자! 콩글리시!

먼저 틀린 곳을 찾아보자!

A: What does the meal come with?
B: It comes with your choice of a baked potato or potato.
A: I'll take the potato.
B: Can I get you a drink to start off with?

A: 이 식사에는 뭐가 딸려나오나요?.
B: 구운 감자나 감자튀김 중에 선택하시면 함께 나옵니다.
A: 감자튀김으로 할게요.
B: 음료수로 일단 시작하시겠어요?

 정답부터 확인해보고~

potato (X)
French fries (O)

 그럼 왜 그럴까??

음식 하나를 제대로 먹으려 해도 정확한 영어가 필요하다. 「감자튀김」을 간단히 potato라고 하면 생감자 하나를 그대로 갖다주는 순진한 식당 주인도 있으니 조심하자. 여기 나온 「감자튀김」은 French fries 또는, 그냥 fries라고 쓴다.

먼저 틀린 곳을 찾아보자!

A: What kind of ciders do you want with your meal?
B: Do you have any diet sodas?
A: I'm sorry, we don't.
B: Then I'll get a coke.

A: 손님 식사에 어떤 탄산음료를 드릴까요?
B: 다이어트 소다 있나요..
A: 죄송합니다만 그건 없습니다.
B: 그럼 콜라로 주세요.

정답부터 확인해보고~

cider (X)
soda (pop) (O)

그럼 왜 그럴까??

「탄산 음료」(fizzy drinks)를 부르는 말은 soda 혹은 soda pop이다. 영어로 cider는 「사과즙을 약간 발효시킨 음료」를 말하는 것. 우리에게도 익숙한 Gatorade나 Sprite 등의 상품명을 이용해서 말해줘도 된다.

2 바로잡자! 콩글리시!

먼저 틀린 곳을 찾아보자!

A: Who goaled in while I was gone?
B: It was Italy. How did you know someone scored a goal?
A: I could hear everyone yell while I was using the phone.
B: It was a great goal.

> A: 내가 없는 사이에 어느 팀에서 득점했니?
> B: 이탈리아에서 넣었어. 골이 들어갔다는 걸 어떻게 알았어?
> A: 전화하다가 사람들이 전부 외치는 소리를 들었거든.
> B: 멋진 골이었어.

정답부터 확인해보고~

goal in (X)
score a goal (O)

그럼 왜 그럴까??

축구얘기만 하면 열받아 하실 분 많이 있겠지만 goal in이 완벽한 콩글리시였다는 사실에도 좀 열받았으면 좋겠다. goal은 「득점」이라는 명사로만 쓰일 뿐 「골을 넣다」는 표현은 score[make] a goal이다.

먼저 틀린 곳을 찾아보자!

A: I have a friend who is a reporter for that station.
B: Does she ever tell you the behind story?
A: Sometimes she does.
B: It must be very interesting.

A: 내 친구 중에 그 방송국 기자가 있어.
B: 그 친구가 사건 뒷얘기 좀 해주니?
A: 가끔 해줘.
B: 정말 재미있겠다.

 정답부터 확인해보고~

behind story (X)
story behind the scenes (O)

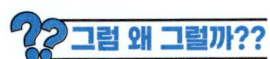 그럼 왜 그럴까??

영화나 텔레비전 프로그램 제작 기간에 벌어졌던 제작 뒷이야기는 항상 우리의 관심을 끈다. 무대 뒤에(behind the scenes) 숨겨져 미처 몰랐던 이야기라는 뜻의 story behind the scenes가 얼렁뚱땅 짤리고 뒤죽박죽되어 behind story라는 콩글리쉬가 되었답니다.

2 바로잡자! 콩글리시!

먼저 틀린 곳을 찾아보자!

A: What do you take with your coffee?
B: I just take prim.
A: I'll be right back.
B: Thanks very much.

A: 넌 커피 어떻게 마시니?
B: 크림만 넣어.
A: 곧 돌아올게.
B: 정말 고마워.

정답부터 확인해보고~

prim (X)
cream (O)

그럼 왜 그럴까??

'프림' 내지는 '프리마'라는 상표명(trademark) 때문일까? (coffee) cream을 우린 '프림' 달라며 거의 우리말처럼 사용하지만 실제 영어 무대에서는 cream이라고 해야 한다.

먼저 틀린 곳을 찾아보자!

A: How old do you think that secretary is?
B: She must be in her high teen.
A: She's kind of young to be working here, don't you think?
B: Maybe, but she's pretty good looking.

A: 저 비서 몇 살 같니?
B: 저 여자는 10대 후반인게 틀림없어.
A: 여기서 일하기에는 약간 어리지 않아?
B: 그럴지도 모르지만 아주 예쁘게 생겼어.

정답부터 확인해보고~

high teen (X)
late teens (O)

 그럼 왜 그럴까??

「10대」를 지칭하는 teens 또는 teenage를 쓰는 것까지는 'very good 영어'이지만 high teen까지는 지나친 오바(?). 10대 중에서도 후반의 연령에 접어든 아이들을 가리키는 말이겠지만 가격이나 지대가 높다는 말에 붙는 high를 나이의 높고 낮음에 가져다 붙여 놓으면 어쩌란 말인가? 보통, 13~15세까지는 early teens, 16~19세까지는 late teens라고 부르는게 실제영어.

2 바로잡자! 콩글리시!

📝 먼저 틀린 곳을 찾아보자!

A: What happened while I was gone?
B: He struck out one and walked three.
A: That means full bases.
B: He's going to get pulled for sure.

A: 내가 가고 나서 어떻게 됐니?
B: 한 명은 삼진 아웃으로 잡고 3명을 포볼로 진루시켰어.
A: 만루가 됐다는 말이구나.
B: 이 투수는 틀림없이 강판될거야.

✅ 정답부터 확인해보고~

full bases (X)
bases loaded (O)

❓ 그럼 왜 그럴까??

야구에서 주자가 1, 2, 3루에 모두 나가있는 상황을 가리키는 「만루」를 다른 말로 「루상에 주자가 꽉 차다」라고 한다. 이 말에 착안하면 「…에 짐을 꽉 채우다」라고 할 때 등장하는 동사 load를 끄집어내어 bases loaded라고 하면 우리말과 딱 떨어진다.

 먼저 틀린 곳을 찾아보자!

A: Do you have any back at that company?
B: I have a couple, do you want me to talk to them for you?
A: That would be good.
B: I'll find out what they know.

A: 너 저 회사에 빽있니?
B: 두 사람 있어. 내가 그 사람들 만나서 네 얘기해 볼까?
A: 그래주면 좋지.
B: 그 사람들이 알고 있는게 뭔지 알아볼게.

 정답부터 확인해보고~

back (X)
connections (O)

??? 그럼 왜 그럴까??

「연줄이 없다」, 속된 말로 「빽이 없다」를 영어로 I have no back이라고 표현할 사람은 없을 것이다라고 믿어 의심치 않는다. 이럴 때는 I don't have any connections라고 하면 된다. 참고로, well-connected란 표현이 있는데, 「빽이 빵빵한」 경우를 가리키는 말이다.

3 사연있는 영어표현들

at the eleventh hour
막판에

 왜 이렇게 쓰이게 되었을까…?

우리말의 「막판에」라는 표현으로 성경의 마태복음(Matthew 20:1-16) 포도원(vineyard) 품군(worker)의 비유에서 유래한다. 이 표현의 주인공인 일군은 해질 무렵에야 포도원에 도착하는데 그때가 바로 유대인의 노동시간 기준으로 11시(eleventh hour)였다. 이는 오늘날 기준으로는 대략 오후 5시에 해당하는 것. 그는 그때부터 6시까지만 일하고도 일찍 도착해서 뼈빠지게 일하던 다른 일군들과 같은 돈을 받았는데(received the same wage), 여기서 바로 at the eleventh hour의 오늘날의 의미가 생겨난 것. 즉 겉으로는 너무 늦은 것 같지만 결코 늦지않은 「최후의 가능성이 열린 시간에」(at the last possible moment)라는 뜻이다. 결렬(rupture)을 눈앞에 둔 협상(negotiations)이 「막판에」 가서야 타결을 볼 때 아주 유용하게 쓸 수 있는 표현이다.

 실제 대화에서 어떻게 쓰이는지 확인해보자

A: Do you think that the pilots will settle?
B: I think so, but it will be **at the eleventh hour**.
A: I hope so because I'm supposed to fly out tomorrow.
B: Me too! Let's hope we can.

> A: 당신은 그 조종사들이 업무에 복귀할 것이라고 생각하십니까?
> B: 네. 하지만 막판에서야 그럴거예요.
> A: 내일 비행기를 타야할 일이 있어서 그들이 복귀했으면 좋겠어요.
> B: 마찬가지예요! 그렇게 되길 빌어봅시다.

have one's tail between one's legs
패배감이나 굴욕감을 느끼다

 왜 이렇게 쓰이게 되었을까…?

「패배감이나 굴욕감을 느끼다」(feel defeated, humiliated or dejected). 이는 서기 500년경의 작가들이 겁먹고 달아나는 개를 보고 「꼬리를 다리 사이에 감추고 있다」고 묘사한 (writers described frightened and cowardly dogs as having their tails between their legs)데서 유래한다. 알다시피 개들은 싸움을 하다가 상황이 불리해지면 꼬리를 다리 사이에 감추고 줄행랑을 치는데 바로 그 모습을 가리킨다. 보통은 go off나 walk away 등의 동사 뒤에서 전치사 with와 함께 부대상황 구문으로 「기가 죽어」, 「위축되어」의 의미로 쓰인다. 한편, 비슷한 표현으로 turn tail (and run)도 있는데, 이는 run away in fright의 의미.

 실제 대화에서 어떻게 쓰이는지 확인해보자

A: Did you see the way that woman told Jim to get lost?
B: No, when did that happen?
A: Last night, he was trying to sweet-talk a woman at the bar.
B: He must **have walked away with his tail between his legs**!

A: 그 여자가 짐에게 꺼져버리라고 말하는거 봤어?
B: 아니, 언제 그런 일이 있었어?
A: 지난 밤에, 그가 바에서 어떤 여자에게 수작을 부리려고 했었지.
B: 그가 줄행랑을 쳤겠는걸.

3 사연있는 영어표현들

a fly in the ointment
옥에 티

 왜 이렇게 쓰이게 되었을까…?

우리말에 '옥에 티'라는 것이 있다. 「그것만 없었다면 완벽하고 성공적이었을 상황을 그만 망치는 것」(something that spoils a situation that is otherwise perfect or successful). 영어로는 a flaw in a gem라고 하는데, 이보다 좀 더 재미있고 엉뚱하게 표현한 것이 바로 a fly in the ointment. 이는 성경의 전도서(Ecclesiastes)에서 「죽은 파리들이 약방의 고약에서 지독한 냄새를 풍긴다」(Dead flies cause the ointment of the apothecary to send forth a stinking savour)는 글귀에서 유래한다. 약방에서 고약을 정성들여 만드는데 파리 한마리가 날아들어 불시착을 하는 바람에 그동안의 노력이 허사로 돌아간 것이다. 이처럼 파리란 녀석들은 줄기차게 인간을 성가시게(annoying) 하며 생사고락을 함께 했기에 영어에 fly가 들어가는 표현이 많다.

 실제 대화에서 어떻게 쓰이는지 확인해보자

A: There is **a fly in the ointment** with our new product release.
B: What could be the problem?
A: Apparently, we don't have the patent for it.
B: Let's call a meeting to discuss it with the rest of the team.

> A: 신상품 출시에 한가지 흠이 있습니다.
> B: 문제가 뭐죠?
> A: 우리가 그 상품에 특허권을 갖고 있지 않은게 분명합니다.
> B: 회의를 열어서 나머지 팀원들과 의논해 봅시다.

have butterflies in one's stomach
가슴이 두근거리다

 왜 이렇게 쓰이게 되었을까…?

인터뷰나 시험을 앞두고 매우 「긴장되고 가슴이 두근거리는」 경험을 누구나 한번쯤은 해보았을 것이다. 재미있게도 영어권 사람들은 이런 기분을 표현할 때 뱃속에 나비가 들어가 있는 것 같다고 말한다. 사실 이것은 상상력을 조금만 동원한다면 충분히 그 의미를 짐작할 수 있다. 뱃속에 나비 여러 마리가 들어 있어서 날개를 퍼덕인다면(fluttering)?! 고통스럽지는(painful) 않으나 나비의 부드러운 날개가 뱃속을 간질이고(tickling) 있는 듯한 야릇한 기분(weird feeling)을 추측해 볼 수 있다. 한가지 염두해 둘 것은 이 표현을 쓸 때 a butterfly와 같이 단수를 쓰는 일은 거의 없다는 것이다.

 실제 대화에서 어떻게 쓰이는지 확인해보자

A: Are you ready for your big speech tomorrow morning?
B: Not really, I **have butterflies in my stomach**.
A: That's normal. Everyone gets a little nervous before a presentation.
B: I know, but I just wish I could be more confident.

> A: 내일 아침에 있을 중대 연설 준비는 다 되셨어요?
> B: 전혀 아녜요. 조마조마해 죽겠어요.
> A: 그게 정상적이에요. 누구나 프레젠테이션 전에는 조금은 긴장을 하죠.
> B: 알아요, 하지만 좀 더 자신감이 있었으면 좋겠어요.

3. 사연있는 영어표현들

bark up the wrong tree
잘못 짚다

 왜 이렇게 쓰이게 되었을까…?

「잘못 짚고서」 헛된 노력(mistaken and wasting efforts)을 기울일 때 쓸 수 있는 표현. 기원은 19세기의 너구리 사냥(raccoon hunting)으로 거슬러 올라간다. 당시 너구리 사냥은 사냥개를 이용해 주로 밤에 행해졌다. 사냥개들의 임무는 너구리를 재빨리 뒤쫓아, 녀석을 나무 위로 몰아 붙여서(chase a raccoon up a tree) 그 위치를 주인에게 알리는 것이었다. 사냥감을 눈앞에 두고 의기양양해진 개가 주인을 향해 자랑스럽게 짖어대는 것은 당연지사! 그런데 이 수많은 사냥개들이 모두 똑똑한 것은 아니었던지, 이내 너구리가 어느 나무로 올라갔는지를 잊어버리곤 다른 나무를 보며 짖고 있던(barking up the wrong tree) 한 마리의 개가 있었으니 그가 바로 우리의 주인공이다.

 실제 대화에서 어떻게 쓰이는지 확인해보자

A: I am certain that it was Jim who told my client about us.
B: I really don't think he would do that.
A: Why not? He never really did like me.
B: I still think you **are barking up the wrong tree**.

> A: 우리에 대해 고객에게 말했던 사람이 짐인게 분명해.
> B: 그가 그랬을 리 없어.
> A: 왜? 그는 그야말로 날 전혀 좋아하지 않는다구.
> B: 그래도 네가 잘못 짚고 있는 것 같아.

Quiz
퀴즈

 왜 이렇게 쓰이게 되었을까…?

Quiz란 질문을 함으로써 경쟁자의 지식을 시험하는 일종의 게임(game in which the knowledge of contestants is tested by a series of questions)이다. 이 단어의 기원은 확실하지는 않지만 알려진 하나의 이야기는 18세기 아일랜드의 한 극장 관리인인 James Daly에 관한 것이다. 그는 자신이 새로운 단어를 만들어 그 단어를 24시간 이내에 그 지역 내에서 화제가 되도록 하겠다고 친구와 내기를 했다. Daly는 젊은이들에게 Quiz라는 단어를 그 도시의 모든 벽에 적어두도록(chalk up the word 'quiz' on every wall throughout the city) 했다. 다음 날 그 단어는 정말 모든 이들의 대화의 주제(topic of conversation)가 되었고 Daly는 내기에서 돈을 땄으며(won his wager) 영어는 새로운 한 단어를 얻게 되었다. 그래서 처음에는 Quiz가 「사기」(hoax) 또는 「장난」(practical joke)을 뜻했었다고.

 실제 대화에서 어떻게 쓰이는지 확인해보자

A: How did the interview go?
B: Pretty good, but I felt like I was on some kind of quiz show.
A: We forgot to tell you that he asks a lot of questions.
B: I'll say!

> A: 인터뷰는 어땠어?
> B: 아주 좋았어, 근데 마치 무슨 퀴즈쇼에 있는 기분이더라니까.
> A: 면접관이 질문을 아주 많이 할거라는 이야기를 깜빡했구나.
> B: 맞아.

③ 사연있는 영어표현들

talk turkey
본론을 말하다

 왜 이렇게 쓰이게 되었을까…?

talk turkey는 「업무에 관해 진지하게 말하다」(talk seriously about business matters)라는 뜻. 이 표현의 기원은 미대륙의 식민지 시대(colonial days)에 백인 사냥꾼과 인디언 사이에 있었던 이야기로부터 유래한다. 하루는 백인 사냥꾼과 인디언이 그날 사냥한 것들(spoils)을 공평하게 나누어 갖기로 합의했다. 그러나 사냥이 끝나고 세 마리의 까마귀(crow)와 두 마리의 칠면조(turkey)를 나누어야 할 시간이 되었을 때, 백인 사냥꾼은 까마귀는 모두 인디언에게 주고 자기 자신은 칠면조를 가졌다고 한다. 그러자 인디언이 "당신은 당신 것으로는 칠면조라고만 말하고, 내 것으로는 까마귀라고만 말하는군요."("You only talk all turkey for you. Only talk crow for Indian.")라고 했다고 한다.

 실제 대화에서 어떻게 쓰이는지 확인해보자

A: Do you think that you might be interested in the job?
B: If the salary is right.
A: **Let's talk turkey** then!
B: Sounds good to me.

> A: 당신은 그 일에 흥미를 느낄 것 같습니까?
> B: 급여만 적당하면 그럴 것 같습니다.
> A: 그럼 진지하게 이야기해 봅시다.
> B: 좋습니다.

nine days wonder
잠깐 반짝하는 것, 용두사미

 왜 이렇게 쓰이게 되었을까…?

wonder는 「놀라움」, 「경탄」이라는 의미인데 그럼 「9일간의 놀라움」이란 무슨 말일까? 이 표현의 기원은 흥미롭게도 새끼고양이(kittens)와 강아지(puppies)의 이야기에서 시작되었다. 일반적으로 고양이와 강아지는 태어나서 9일 동안은 눈이 잘 안보인다고 한다. 그래서 이 시기에는 세상에 대한 궁금증으로 온몸의 촉각을 곤두세우기 마련. 하지만 이 기간이 지나면 모든 것이 눈에 보이고(everything becomes visible) 그렇게 되면 벌써 세상살이는 시들(?) 해진다는 얘기다. 결국 잠시 잠깐 사람들의 관심을 끌지만(having a great appeal for a short time) 「이내 잊혀지는 사건이나 소문」이 바로 nine days wonder! 우리의 눈과 귀를 즐겁게 해주는 스캔들(scandal)이 바로 전형적인(typical) 예이다.

 실제 대화에서 어떻게 쓰이는지 확인해보자

A: We're lucky to have well-trained managers.
B: You're not kidding.
A: Can you imagine what would happen if we had those people who **had the nine days wonder** training?
B: We wouldn't have a clue what to do.

> A: 노련한 매니저들이 있으니 우린 정말 행운이야.
> B: 사실이야.
> A: 만일 얄팍하게 교육받은 사람이 우리 매니저라면 무슨 일이 일어날지 상상이나 하겠어?
> B: 무슨 일을 해야할지 감도 못잡을거야.

3. 사연있는 영어표현들

make no bones about something
거리낌없이 말하다

 왜 이렇게 쓰이게 되었을까…?

make no bones about something은 「어렵거나 불쾌한 일을 거리낌없이 하다」, 「…쯤이 아무렇지도 않게 여기다」(not to hesitate about doing something difficult or unpleasant)라는 의미를 가진다. 이 표현의 유래로는 두 가지가 유력하다. 첫번째는 뼈가 들어있지 않은 soup와 관계가 있는데, 다시말해 뼈가 들어있지 않은 멀건 스프는 빨리 그리고 쉽게 마실 수 있기 때문에 「무언가를 주저 없이 (straightforwardly) 해치운다」는 속뜻이 생겼다는 것이다.

또다른 설명은 bones가 「주사위」(dice)의 의미로 사용된 것인데 어떤 사람들은 주사위를 던지기 전에 행운(good luck)을 기원하려고 주사위를 들고(with dice) 야단법석을 떨며 의식(extravagant rituals)을 치른다. 하지만 이런 미신을 믿지 않는 사람들은 조금도 지체하지 않고 주사위를 흔들어 던진다(just shaking dice once and throwing it)는데서 「주저함이 없이 행동을 취하다」라는 의미가 나왔다는 것이다.

 실제 대화에서 어떻게 쓰이는지 확인해보자

A: The boss **made no bones about** it, if you don't make the quota you're gone!
B: Don't you think that is a little harsh?
A: I do, but there is no sense in arguing with him.
B: Yeah, he's not going to change his mind now.

> A: 사장은 단도직입적인 사람이야. 할당량을 채우지 못하면 넌 끝장이라구!
> B: 그건 좀 가혹하지 않니?
> A: 그렇지, 하지만 그런 상식은 그에겐 안통한다구.
> B: 그래, 그가 지금 당장 마음을 바꾸진 않을거야.

pull strings
연줄을 이용하다

 왜 이렇게 쓰이게 되었을까…?

string은 「끈」, 또는 「실」이고, pull은 「잡아당기다」라는 의미의 단어로 직역하면 「줄을 잡아당기다」이지만 pull strings의 strings는 서양의 꼭두각시 인형극(marionette show)을 공연할 때 관객들이 보이지 않는 무대 뒤에서 줄을 잡아당겨(pull strings) 인형들을 자기 마음대로 조종하며 움직이게 하는데 사용되었던 「끈」이다. 따라서 pull strings하면 비유적으로 앞에 나서지 않고(behind the scenes) 영향력을 행사하여 자신의 뜻을 관철시키려는 행위를 묘사한다. 즉 「막후에서 조종하다」(use secret influence)라는 표현이다. 또한 「무조건적으로(unconditionally)」라는 의미로 잘 사용되는 with no strings attached라는 표현도 꼭 알아두자.

실제 대화에서 어떻게 쓰이는지 확인해보자

A: I don't think I will get the job at your company.
B: Do you want me to talk to my boss about you?
A: Sure, if you think you can **pull strings for** me.
B: I might be able to, since my boss really likes me.

> A: 너희 회사에 취직 못할 것 같아.
> B: 내가 사장한테 네 얘기 좀 해줄까?
> A: 물론이지, 네가 힘을 행사해 줄 수 있다면 말야.
> B: 사장이 날 정말로 아끼니까 아마 가능할거야.

3 사연있는 영어표현들

pull one's leg
놀리다

 왜 이렇게 쓰이게 되었을까…?

직역을 하면 「…의 다리를 잡아당기다」이지만 문자 그대로의 뜻으로는 거의 쓰이지 않고 「상대방을 난처하게 하다」, 「희롱하다」(make playful fun of someone)라는 의미로 많이 사용된다. 즉 어떤 사람의 다리를 잡아당기면 그 사람은 당혹해할 것이라는 속뜻을 가지고 있는 것이다. 1867년 스코틀랜드 지방에서 유행한 노래가 있었는데, 이 노래의 내용은 어떤 목사가 교인에게 번 돈을 교회에 내고 집에는 가져가지 말라면서 교인의 다리 한쪽을 잡아당겨 그 교인이 무척 난처해했다는 것.

 실제 대화에서 어떻게 쓰이는지 확인해보자

A: Did you hear that John got the promotion?
B: You're pulling my leg!
A: No, I'm serious!
B: That's so unbelievable.

    A: 너 존이 승진했다는 소식 들었어?
    B: 너 나 놀리는거지!
    A: 아니야, 정말이야.
    B: 말도 안돼.

get out of bed on the wrong side
아침부터 기분이 안좋다

 왜 이렇게 쓰이게 되었을까…?

기분이 좋지 않을 때, 혹은 모든 것이 순탄하게 이루어지지 않고 일이 꼬일 때, 「꿈자리가 사납다」, 「아침부터 기분이 나쁘다」라고 하는 표현을 사용한다. 이 표현의 기원은 미신과 관련이 있다. 우리가 어렸을 적 이유는 모르겠지만 왼손으로 밥을 먹거나 글씨를 쓰면 어른들이 화를 내시고 혼내셨던 기억이 있을 것이다. 아마도 바른쪽이라 하여 오른쪽을 귀히 여기고 왼쪽을 그다지 좋게 생각하지 않는데서 비롯된 것 같다. 서양에서도 마찬가지! 만약 아침에 일어날 때 왼쪽 다리가 먼저 침대 밖으로 나와 서게 되면(if you put your left leg out of bed first) 그날은 지지리도 운이 나쁜 불행한 날이 될 것(you would be unlucky)이라는 미신이 바로 그것. 침대의 wrong side 즉 「왼쪽」(left)으로 일어나는 날이면 그날 하루는 되는 일도 없고 기분도 영 찝찝한 날이 될거라나. 믿거나 말거나!

 실제 대화에서 어떻게 쓰이는지 확인해보자

A: What's his problem today?
B: He's being a real pain in the ass!
A: I think he **got out of bed on the wrong side** this morning.
B: Well, whatever the reason I don't like him!

> A: 오늘 쟤는 왜 저래?
> B: 정말 꼴도 보기싫어 죽겠네.
> A: 오늘 아침 일진이 안좋았던가 보지.
> B: 흥, 이유가 뭐든간에 싫어 죽겠어.

3 사연있는 영어표현들

D-day
중요한 날

 왜 이렇게 쓰이게 되었을까…?

올림픽과 같은 경기나 혹은 시험이 있기 전 사람들은 앞으로 며칠이 남았는가를 'D-Day 5'(5일 전) 등으로 표시한다. 그렇다면 day 앞의 D는 무엇의 약자일까? 우린 D 다음에 day가 나오니까 의성어·의태어가 아닌 한, 같은 말의 중복을 피하는 언어의 특성상 D는 적어도 day가 아닐거라고 자신있게 생각할 것이다. 하지만 누군가의 말처럼 한 발 물러서서 보면 생각이 달라진다. 즉 앞의 D는 단순히 day의 약자인 것이다. D-day라는 표현은 1차대전중에도 사용되었지만 특히 2차 세계대전중 프랑스가 독일의 동맹국을 공격개시했던 날(1944년 6월 6일)을 D-day로 지칭하면서 널리 사용되기 시작했다. 오늘날에는 앞에서 언급한 대로 「중요한 일이 있는 날」(the day that is chosen for the beginning of an important activity)을 기억하려고 사용된다. H-hour도 이와 비슷하게 H는 hour의 약자로 「어떤 일을 하기로 한 날의 정확한 시간」을 표시한다(mark the exact time of day of the launch of an operation).

 실제 대화에서 어떻게 쓰이는지 확인해보자

A: Tomorrow is **the D-day** for our big presentation.
B: Yeah, I've been nervous all week.
A: Don't worry, we've prepared well.
B: You're right. Let's give it our best shot.

> A: 내일이 우리 큰 발표의 D-데이야.
> B: 맞아, 일주일 내내 긴장했어.
> A: 걱정마, 우리 충분히 준비했잖아.
> B: 네 말이 맞아. 최선을 다해보자.

beat around the bush
돌려 말하다

 왜 이렇게 쓰이게 되었을까…?

말그대로 beat는 「치다」, 「때리다」, bush는 「덤불」이란 의미이다. 직역을 하자면 「덤불 주위를 치다」. 바로 이 의미가 beat around the bush라는 표현의 기원이 된다. 사냥꾼(hunter)들이 새를 잡으려고 새몰이꾼을 고용하면 이들이 덤불을 막대기로 쳐서 새를 날리면, 그 틈을 타서 사냥꾼들이 새를 잡는 것이다. 즉 직접 잡는 것이 아니라 다른 일을 벌이며 기회를 포착한 뒤 사냥감을 손에 넣는다는 표현으로 현재는 「확실한 대답을 하지 않고 다른 소리만 하거나」(talk about things without giving a clear answer), 「질문이나 요점을 피하다」(avoid the question and the point)라는 의미로 쓰인다. 더불어 이와 반대 의미는 come to the point(정곡을 찌르다)라는 것도 기억해두자.

 실제 대화에서 어떻게 쓰이는지 확인해보자

A: I had some time to look over your report.
B: Good! What did you think of my ideas?
A: Well, it was well written, but maybe it was a little long.
B: Don't **beat around the bush**! Did you like it or not?

    A: 너의 보고서를 훑어봤어.
    B: 그래? 내 아이디어가 어때?
    A: 음, 아주 잘 썼긴 한데 약간 긴 것 같아.
    B: 딴소리 하지 말고. 그게 마음에 들어 안 들어?

3. 사연있는 영어표현들

show a leg
서둘러라, 빨리 일어나라

 왜 이렇게 쓰이게 되었을까…?

이 표현은 아주 오래 전, 항구에 정박한 배위에서 남성들이 겪어야만 했던 남녀차별(?)에 뿌리를 두고 있다. 상선의 갑판장이 다리를 보여달라(show a leg)고 하면 해먹(hammock)에 누워있던 사람은 다리를 보여줌으로써 자기의 신원을 밝혀야 했는데(have to identify himself or herself by showing his or her leg), 여자의 다리가 나오면 그대로 계속 자게 내버려뒀지만, 털이 복실복실한 남자의 다리가 나오는 경우 그 다리의 주인공은 즉시 일어나서 일을 해야만 했다(have to get up and carry out his duties). 그래서 남자들에게는 Show a leg!가 「(잠자리에서) 일어나라!」(get out of bed)는 말이나 진배없었는데, 이제는 남녀구분없이 보편적인 의미로 자리잡게 되었다.

 실제 대화에서 어떻게 쓰이는지 확인해보자

A: John! You'd better **show a leg** soon!
B: Why, what time is it?
A: It's almost six thirty.
B: Oh no, I'm going to be late for work again!

    A: 존! 빨리 일어나야 돼!
    B: 왜, 몇시야?
    A: 거의 6시 반쯤 됐어.
    B: 오 이런, 회사에 또 늦겠는걸!

gladiator
검투사

왜 이렇게 쓰이게 되었을까…?

gladiator는 고대 로마의 원형경기장(Roman arena)에서 대중들을 즐겁게 하기 위해(entertain the public) 사람 혹은 맹수와 사투(mortal combat)를 벌였던 「검투사」를 가리키는 gladiator는 원래 라틴어로 「칼」(sword)이라는 뜻의 gladius에서 파생된 것으로, swordsman이란 의미를 갖는다. 여기서 파생된 또 다른 단어로, 꽃이름 gladiolus가 있는데 이는 잎사귀가 작은 칼모양(sword-shaped)이라고 하여 붙여진 이름. 실제로 gladiolus는 sword lily라는 별칭이 있기도 한데 두 단어 모두 16세기에 처음 영어에 소개됐다.

실제 대화에서 어떻게 쓰이는지 확인해보자

A: I wouldn't count him out of the competition just yet.
B: Do you think he has a chance?
A: He's **a real gladiator** and he won't go down without a fight.
B: I would never have thought of him in that way.

> A: 아직은 그 친구를 시합에서 빼지 않을거야.
> B: 승산이 있을 것 같아?
> A: 그 친군 진정한 투사라구. 싸우지도 않고 내려오지는 않을 걸.
> B: 그런 줄은 전혀 상상도 못했는데.

3 사연있는 영어표현들

put the cart before the horse
본말을 전도하다, 일의 순서를 거꾸로 하다

 왜 이렇게 쓰이게 되었을까…?

cart는 슈퍼마켓에서 물건을 담아 밀거나 끌고 다니는 「카트」를 말하기도 하지만 말이 끄는 「2륜 혹은 4륜의 수레」(two-wheeled or four-wheeled vehicle)를 가리키기도 한다. 그래서 위 표현은 「말 앞에다 수레를 놓다」는 의미. 하지만 말은 의당 수레 앞에 있어야 하는 법. 결국 「순서를 뒤바꾸다」(do things in the wrong order)는 말이다. 이는 "Currus bovem trahit paepostere"라는 로마의 격언(saying)에서 온 표현으로 이 말은 「소와 쟁기의 위치를 바꾸어 끌다」(the plow is drawn by the oxen in reversed position)라는 의미. 이 표현과 혼동하기 쉬운 것으로, 유명표현인 wag the dog은 「꼬리가 개를 흔들 듯」 주객이 전도된 하극상을 말한다.

 실제 대화에서 어떻게 쓰이는지 확인해보자

A: I just spent a fortune on those new computers.
B: **Aren't** you **putting the cart before the horse**?
A: I'm pretty sure that I'm going to get the contract.
B: I hope that you're right.

>A: 저 새 컴퓨터들을 사느라고 돈을 엄청 쏟아부었어.
>B: 순서가 바뀐거 아냐?
>A: 계약을 꼭 따낼거야.
>B: 그말이 맞았으면 해.

ambulance chaser
사고 피해자를 따라다니는 악덕 변호사

 왜 이렇게 쓰이게 되었을까…?

ambulance chaser는 구급차의 뒤꽁무니를 쫓아다니면서(chasing) 부상자에게 손해배상금(damages)을 톡톡히 받아주겠다며 수임료(contingent fee)를 챙기는 「돈에 혈안이 된 변호사」를 경멸조로(derogatory) 부르는 말. 1890년대 뉴욕 변호사들의 모습에서 시작된 닉네임으로, 변호사를 "씹는 대상" 1호로 여기는 미국인들의 이런 정서는 인터넷상에서 Lawyer Jokes라는 검색어를 쳐서 나오는 정보의 양으로도 확인된다. 그중 하나를 소개하면 다음과 같다 Q: I show you Exhibit 3 and ask you to recognize that picture? A: That's me. Q: Were you present when that picture was taken? 증거물(Exhibit)로 제출한 사진의 주인공이 '자신'이라고 대답한 증인에게 사진찍을 때 현장에 있었냐고 묻는 변호사! 바로 이런 모습, 즉 돈되는 일이라면 발벗고 나서지만 지적수준은 형편없는 이들이 미국인들이 생각하는 변호사의 모습이다.

 실제 대화에서 어떻게 쓰이는지 확인해보자

A: **Have you heard anything about that lawyer?**
B: **I've heard that he's an ambulance chaser.**
A: **I heard the same rumors.**
B: **Maybe you should get someone else.**

> A: 그 변호사에 대한 소문 들은 것 있어?
> B: 구급차 뒤꽁무니나 쫓아다니는 저질 변호사라던데.
> A: 나도 그 소문 들었어.
> B: 다른 사람을 구해야 되겠군.

3 사연있는 영어표현들

smell a rat
뭔가 이상하다, 수상쩍다

 왜 이렇게 쓰이게 되었을까…?

rat은 「쥐」, 그것도 mouse같이 작고 나름대로 귀여운 구석이 있는 쥐를 말하는 것이 아니라 시궁창 등에 사는 「덩치 큰 쥐」를 가리킨다. smell a rat하면 쥐고기를 얌얌(Yum-yum) 맛있게 먹는 동물들, 즉 고양이나 개가 「코를 킁킁거리며 쥐냄새를 맡는」(sniffing out a rat) 모습을 형상화시킨 표현으로 우리말로는 「뭔가 잘못됐다는 낌새를 채다, 수상쩍다」(suspect that something is wrong; to be suspicious)라는 의미. 「창문이 열려 있는 것을 보고 이웃 사람들이 옆집에 도둑이 들었다는 낌새를 채는」(The neighbors smelled a rat when they saw the open window) 경우나 또 누가 왔다 가기만 하면 금붙이가 하나씩 없어진다면, 「범인이 누군지 눈치를 채기 시작했다」는 의미로 "I'm starting to smell a rat"과 같이 말할 수 있다.

실제 대화에서 어떻게 쓰이는지 확인해보자

A: I **smell a rat**.
B: Who do you think it is?
A: I'm pretty sure that it is Bob.
B: Come to think of it, he has been acting kind of funny.

> A: 범인을 알 것 같아.
> B: 누구인 것 같아?
> A: 밥이 분명해.
> B: 생각해보니, 행동이 좀 수상쩍긴 했어.

Roger
알았다

 왜 이렇게 쓰이게 되었을까…?

Roger!하면 어떤 메시지를 「받았다」 혹은 「알았다」(received, understood)는 의미의 군대 통신용어(military signaling). 군대에서는 알파벳 하나 하나를 암호화해서 가령 A는 alfa, B는 bravo, T는 tango 등으로 정하여 상대편에서 알아듣기 쉽도록 하는데 Roger는 바로 R에 해당하던 단어로 영국 왕립공군(RAF: Royal Air Force)에서 처음으로 쓰기 시작하여 2차대전까지도 그대로 쓰였던 것. R은 원래 Robert, 다음에는 Roger, 그리고 현재에는 Romeo라고 쓰이고 있는데 Roger라는 단어는 사장되지 않고 현재의 의미로 군대에서 뿐만 아니라 일상생활에서도 「알아들었다 혹은 동의한다」(understood and agreed)는 의미로 쓰고 있다. 일반적으로 군대를 갔다 온 나이가 지긋한 사람이(old people with a military background) 의도적으로 유머러스하게 혹은 비꼬아서 말하는 경우가 대부분이다.

 실제 대화에서 어떻게 쓰이는지 확인해보자

A: Be careful when you go out there.
B: **Roger!**
A: I'm serious, I fell this morning because it was so icy.
B: I'll make sure that I'm careful.

> A: 밖에 나갈 때 조심해.
> B: 알았다, 오바!
> A: 진짜야, 너무 미끄러워서 오늘 아침에 넘어졌어.
> B: 조심할게.

3 사연있는 영어표현들

Flattery will get you nowhere
아부해도 아무 소용이 없다

 왜 이렇게 쓰이게 되었을까…?

flatter는 환심을 사기 위해(to win favor) 「지나치게 그리고 마음에 없는 칭찬을 하다」(compliment excessively and often insincerely), 즉 「아부하다」는 뜻. flattery는 이의 명사형으로 위 문장을 있는 그대로 해석하면 「아부는 당신을 아무곳에도 데려다 주지 않는다」가 되는데 이는 결국 「아부를 해서 원하는 것을 얻을 수는 없다」(You will not gain what you want by saying flattering things)는 상당히 교육적인 메시지를 전달한다. 하지만 현실은 그와 다르기 마련. 그러기에 Flattery will get you everywhere라는 문장이 생겨났는데 「아부만 하면 안될게 없다」(Flattery is the best policy)는 얘기.

 실제 대화에서 어떻게 쓰이는지 확인해보자

A: Wow, you look like you've lost weight.
B: Just remember **flattery will get you nowhere**.
A: I'm serious.
B: Thank you.

> A: 와, 살빠진 것 같은데.
> B: 아부해봤자 소용없다는 것만 알아둬.
> A: 진심이야.
> B: 그렇담 고맙구.

carry a torch for sb
여전히 ...을 짝사랑하다

 왜 이렇게 쓰이게 되었을까…?

여기서 torch는 다름아닌 「사랑의 횃불」(torch of love). 그래서 carry a torch for sb하면 「…에게 사랑의 불길을 태우다」(be in love with someone who is not in love with you), 그것도 상대방은 미동도 하지 않는 애달픈 짝사랑을 가리킨다. 하지만 오늘날에는 「충성의 횃불」(torch of loyalty)로 더욱 빈번히 쓰여 「…을 위해 충성을 다하다」는 의미를 전달한다. 하기야 진정한 충성이라면 대가를 바라지 않는 법. 그것은 짝사랑의 모양새와 그리 멀지 않으니 이러한 의미의 전이에는 충분한 이유가 있어 보인다. carry the torch는 이외에도 「목표를 확인하다」(uphold a set of goals) 혹은 「어떠한 운동에 참가하거나 앞장서다」(lead or participate in a crusade)라는 뜻으로도 쓰인다는 점도 함께 알아두도록 한다.

실제 대화에서 어떻게 쓰이는지 확인해보자

A: I heard that Tim is a bright addition to your staff.
B: You're right, he's going to be the one to **carry the torch for** our company when we retire.
A: I'd really like to meet him.
B: I'll set up a lunch.

> A: 팀이 자네 부서에 새로 들어온 직원중 촉망받는 인재라며.
> B: 맞아, 우리가 은퇴하면 회사에 헌신할 친구지.
> A: 꼭 한번 만나보고 싶네.
> B: 점심자리를 마련할게.

3 사연있는 영어표현들

behind the eight ball
곤경에 처한, 궁지에 몰린

 왜 이렇게 쓰이게 되었을까…?

당구에서 유래한 표현. 여기서 eight ball은 15개의 공으로 이루어진 속칭 「포켓볼」(pocket billiards or Kelly pool)의 8번 공을 가리킨다. 포켓볼을 칠 때 선수는 8번 공만 제외하고 모두 포켓 안으로 넣으면 되는데(must pocket all fifteen balls except that numbered eight) 이 공은 불운을 의미하는(considered unlucky) 검정색. 그래서인지 만일 큐볼로(with the cue ball) 이 공을 치거나 스치기라도 하게 되면(hit or touch the eight ball) 벌칙을 받는(he is penalized) 룰이 있었던 것. 그런데 경기도중 다음으로 칠 공이 8번 공 뒤에 있으면 치는 것이 불가능해진다. 그래서 behind the eight ball이라고 하면 8번 공을 건드리지 않고는 도저히 칠 수 없는 각도에 놓인 당구공처럼 「어려운 상황에 처한」(in a disadvantageous position)이라는 의미.

 실제 대화에서 어떻게 쓰이는지 확인해보자

A: We have to work hard on this project or we're going to find ourselves **behind the eight ball**.
B: Are we still looking at finishing in mid-March?
A: If everything goes as planned.
B: But I guess that means a lot of overtime.

> A: 이 프로젝트에 정신없이 매달려야지 안그러면 어려워지겠더라구.
> B: 아직도 3월 중순까지 마칠 예정인거야?
> A: 모든게 예정대로라면.
> B: 하지만 야근을 엄청나게 해야하겠는 걸.

rock the boat
파장을 일으키다

 왜 이렇게 쓰이게 되었을까…?

여기서 rock은 「바위」라는 명사가 아니라 동사로 「(뒤)흔들다」(shake)라는 뜻. 따라서 rock the boat하면 「배를 흔들어 배가 뒤집힐지도 모를 정도로 위험한 상황까지 몰고가는 것」을 가리킨다. 비유적으로는 「말썽을 일으켜 어떤 것을 잃거나 망칠 수도 있는 위험을 자초하다」(make trouble and risk losing or upsetting something) 또는 「어떤 계획을 망쳐버릴지도 모르는 소동을 부리다」(cause a disturbance that may spoil a plan)라는 의미의 관용표현으로 우리말의 「평지풍파를 일으키다」에 근접한 표현이다.

 실제 대화에서 어떻게 쓰이는지 확인해보자

A: Hey, James, are you going to come to the meeting tonight?
B: I sure am. The vote is tonight, isn't it?
A: Yep. By the way, who are you voting for?
B: Well… I don't want to **rock the boat**… so I'm voting for Paul… just like everyone else is.

> A: 제임스, 오늘밤 회의에 올 건가요?
> B: 물론이에요. 투표가 오늘밤이죠, 그렇지 않나요?
> A: 네. 그런데, 누굴 찍을 셈인가요?
> B: 글쎄요. 평지풍파를 일으키긴 싫으니까 그냥 남들처럼 폴을 찍겠어요.

3 사연있는 영어표현들

fly in the face of
정면으로 거스르다, 반항하다

왜 이렇게 쓰이게 되었을까…?

fly in the face of 하면 「…에도 불구하고」, 「굴하지 않고」, 「아랑곳없이」라는 뜻. 암탉이 열받아 잠시 이성을 잃고 감히 상대가 되지 못하는 동물들에게 무모하게 돌진한데서 유래한 fly in the face of라는 표현은 「보기에 무모해 보일 수도 있을 정도로 …에게 정면으로 대들다[반대하다]」(oppose or defy something dangerous in a seemingly foolhardy way)라는 의미. 즉, 「기존의 권위나 습관 따위를 무시하고 행동하다」(act in defiance of authority, custom, etc), 「…에 공공연히 도전하다」라는 뜻으로 기존의 인습(convention)을 깨는 과감하고 도전적인 사람들, 또는 위험을 무릅쓰고서라도 공공연히 반대(fly in the face of danger)하거나 거역하는 이들에게 쓸 수 있는 표현이며 fly in the teeth of와 같은 뜻이다.

실제 대화에서 어떻게 쓰이는지 확인해보자

A: Why do you think he's acting this way?
B: I think he's trying to **fly in the face of** management.
A: You're probably right.
B: I'm going to have a talk with him about his actions.

> A: 그 남자가 무엇 때문에 이런 식으로 행동하고 있다고 생각해요?
> B: 제 생각에는 경영진에게 정면으로 도전하고 있는 것 같아요.
> A: 아마 그말이 맞을런지도 몰라요.
> B: 그 사람하고 앞으로 취할 행동에 대해 얘기를 하려고 해요.

rival
경쟁자

 왜 이렇게 쓰이게 되었을까…?

라틴어로 stream(from Latin, rivalis), 즉 「시냇물」을 의미했던 rival이란 단어는 원래 하나의 시냇물을 사이에 두고 두 이웃이 물을 서로 자기가 쓰려고 다투었다고 한 데서 유래하여 오늘날 「경쟁자」(person or group that is competing against another)의 의미를 갖게 되었다. 인간의 본성이 원래 그런지라 둘 이상이 모여 있으면 으레 경쟁심이 생기고 어느새 「적수」(adversary)가 되기 십상이다. 하지만, 필적할 만한 상대끼리 만나서 싸우는 시합이라야 흥미진진한 법. 앞서거니 뒤서거니 하는 재미 없이 혼자서 달리다 결승 테이프를 끊는 건 아무래도 맥빠지듯이, 때로 선의의 경쟁자는 살아가는데 꼭 필요한 활력소이자 필요악이 아닌가 싶다.

 실제 대화에서 어떻게 쓰이는지 확인해보자

A: What do you think of **our latest rival**?
B: You mean the new competition across the street?
A: I don't think they're going to last very long.
B: I'm not so sure about that.

> A: 최근에 온 우리 경쟁 상대를 어떻게 생각해요?
> B: 거리 맞은 편에 이사온 새 경쟁자를 말하는 건가요?
> A: 제 생각엔 오래 가지 못할 것 같아서요.
> B: 저는 꼭 그렇다고는 믿지 않아요.

3 사연있는 영어표현들

Jeep
지프

 왜 이렇게 쓰이게 되었을까…?

험한 길(rough road)을 달려도 끄떡없을 만큼 내구력(durability)이 강하고 튼튼해서 요즘 특히 터프가이(tough guy)들에게 애용되고 있는 「지프」의 유래는 2차 세계대전 이후(after World War II)로 거슬러 올라가게 된다. 당시 미군이 그 차의 코드명(code designation)을 「다목적용[만능] 자동차」(general-purpose vehicle)의 첫글자를 따서 GP라고 했는데, 이것이 변형되어 오늘날 jeep이 되었다. 그러나, jeep의 명칭이 널리 알려지도록 한데는 Elzie Crisler Segar의 만화(comic strip), Popeye의 영향이 크다. 시금치(spinach)만 먹으면 기운이 불끈 솟는 Popeye에게는 'jeep, jeep'이라는 특이한 소리를 내고 다녀 Eugene the Jeep이란 별명으로도 유명한 Eugene이라는 동물 친구가 있는데, 거의 무슨 일이든 척척 해내는(could do nearly anything) 귀엽고 작은 몸집의 이 캐릭터는 미국에서 널리 독자들의 사랑을 받았다(was widely admired by readers). 그 만화의 인기가 높자 미군(G.I.)들은 Eugene이 내는 소리인 jeep를 자신들의 4륜 구동(four-wheel drive) 지프차와 비유해서 쓰기 시작한 것이 이제는 완전히 굳어져 쓰이게 된 것이다.

 실제 대화에서 어떻게 쓰이는지 확인해보자

A: Greg from the sales department just bought **a new jeep**.
B: I've always wanted **a jeep**.
A: He said that we could take it for a spin if we want.
B: That would be great. Let's get the keys.

> A: 영업부의 그렉이 방금 새 지프차를 샀던데요.
> B: 나도 전부터 지프차를 갖고 싶었어요.
> A: 우리가 그 차로 드라이브하고 싶으면 차를 써도 된대요.
> B: 정말 신나네요. 어서 열쇠 가지러 가자구요.

keep a low profile
낮은 자세를 유지하다

 왜 이렇게 쓰이게 되었을까…?

여기서 low profile은 「저자세」를 뜻해서, keep a low profile이라는 말은 가능한 한 남의 눈에 잘 띄지 않게 주의하면서 조신하게 지내는 것을 뜻한다(remain as unnoticeable as possible, to keep out of the limelight). 특히 대중 앞에 나서서 spotlight 받기를 즐겨하는 유명 연예인이나 스타 등 대중들에게 알려진 공인(public figure) 가운데 무슨 일인지 도통 모습을 드러내지 않고 은둔생활을 하고 있다면 기자들(journalists)이 기회를 놓치지 않고 뒤를 캐기 마련인데, 이때 기자들에 의해 많이 애용되던 표현이 바로 keep a low profile이다.

 실제 대화에서 어떻게 쓰이는지 확인해보자

A: You are going to have to **keep a low profile** until this case is finished.
B: How long do you think it's going to take?
A: I'm guessing anywhere from six months to a year.
B: That's an awfully long time.

> A: 이 소송이 끝날 때까지 남의 이목을 끌지 않게끔 조신하게 지내야 할거예요.
> B: 얼마나 오래 걸릴 것 같아요?
> A: 6개월에서 1년 정도요.
> B: 진짜 오래 걸리는군요!

3 사연있는 영어표현들

keep one's head above water
간신히 버티다

 왜 이렇게 쓰이게 되었을까…?

head above water는 머리를 물밖으로 두고 있다는 뜻.「익사하지 않고」(avoid drowning) 고개를 내밀고 있으니「문제를 잘 해결하다」(get ahead of one's problems)라는 의미인데 금전적인 것과 관련해서는「빚 안지고 지내다」(stay out of debt)라는 말이다.

실제 대화에서 어떻게 쓰이는지 확인해보자

A: How are things going around here?
B: I'm managing to **keep my head above water**.
A: Why don't you hire some part-time help?
B: I never thought about it, but that's a good idea.

> A: 일은 잘 돌아가고 있는거야?
> B: 어떻게든 간신히 해내고는 있어.
> A: 시간제 아르바이트를 한 사람 고용하는 건 어때?
> B: 그런 건 생각도 못했지만 괜찮은 것 같아.

SUPPLEMENT
세월이 가도 잊혀지지 않는 명언과 미신!

The buck stops here
모든 책임은 내가 진다

미국 제 33대 대통령, Harry S. Truman의 재임기간중 그의 책상 위에 적혀 있던 모토(motto). buck하면 「숫사슴」(stag) 및 「달러」란 의미로 잘 알려져 있지만 여기서 buck은 포커 게임에서 「카드를 돌릴 차례가 된 사람 앞에 놓는 패」를 말한다. 즉, 직역하면 「패가 바로 여기 내 책상에 놓여 있다」로, 이것은 곧 카드를 돌릴 책임이 나에게 있으니 「모든 책임은 내가 지겠다」란 비유적 표현.

A: Who should I ask about extending my vacation?
B: Me, I'm the one in charge.
A: I didn't know you had that responsibility.
B: Yes, **the buck stops here**.

A: 휴가 연장을 누구에게 요청해야 하죠?
B: 제게 하세요. 저도 담당자 중 한사람이니까요.
A: 당신에게 그런 권한이 있는지는 몰랐는데요.
B: 네, 책임은 제가 다 집니다.

There's no business like show business
연예오락사업이 최고다

「연예오락만한 사업은 없다」. 요즘같이 연예계 지망생이 범람하는 우리 실정에 딱 들어맞는 명구. 뮤지컬 Annie Get Your Gun의 주제곡 제목으로 쓰여 유명해진 이 말은, 「…만한 사업은 없다」 의미의 문구로 There is no business like~란 표현이 굳어져 사실상 뮤지컬의 주제곡이라는 사실은 뒷전이 돼버렸다. "There is no business like the car business"와 같이 응용되어 흔히 사용되고 있다.

A: I'm thinking of quitting my law practice to become an actor.
B: What? Are you nuts?
A: Hey, **there's no business like show business.**
B: Maybe, but you won't be making your present salary!

A: 법률사무소를 때려치우고 배우를 할까 생각중이야.
B: 뭐라구? 너 돌았니?
A: 이봐, 연예계만큼 잘나가는데는 어디에도 없어.
B: 그렇겠지. 그래도 지금 월급만큼 벌지는 못할거라구!

What's up, Doc?
무슨 일 있어요?

한때 세계 어린이들의 사랑을 한 몸(?)에 받았던 만화영화 Bugs Bunny에서 우리의 귀여운 꼬마친구 Bugs Bunny가 걸핏하면 하던 말. 사냥꾼(Doc; mister의 의미)이 쏜 총을 피한 후 금새 그의 등뒤에 나타나 장난스럽게 "What's up, Doc?"하고 코맹맹이 소리를 하면서 사냥꾼을 끓리곤 하는데, 이때부터 What's up?이란 인사말이 이런 식으로 유행되기 시작했다고.

A: **What's up, Doc?**
B: Not too much.
A: Surely there's something new in your life.
B: Actually, there is this attractive young woman I'm thinking of asking out.

A: 이봐, 뭔 일 있어?
B: 별 일 아냐.
A: 뭔가 새로운 일이 생긴게 분명한데 뭘 그래.
B: 실은 정말로 매력적인 젊은 여자가 있는데, 데이트 신청을 해볼까 생각중이야.

Let them eat cake
케익이나 먹으라 하지요

프랑스 국민들이 '빵을 달라'며 시위를 벌인다는 보고를 들은 Marie-Antoinette 여왕이 무심코던진 철없는(?) 한마디. 당시 케익은 무지 비싼 음식이었지만 풍요로운 음식, 값진 물건들이 남아도는 궁전에서야 손만 뻗치면 쉽게 얻을 수 있는 하찮은 것에 불과했다. 그로부터 「딴 중요한 일도 많은데 무슨?!」, 즉 타인의 궁상에 대해 「난 별 관심 없어!」(I don't care. Don't bother me)라는 의미로 인용되기 시작했다.

A: If we tear down that plant, hundreds of people will be laid off.
B: It's unfortunate, but that's the way it has to be.
A: Don't you feel responsible for those people?
B: No, let them eat cake.

    A: 그 공장을 허물면 많은 직원들이 해고당할텐데요.
    B: 안타까운 일입니다만 어쩔 수 없습니다.
    A: 그들에 대해 책임을 느끼진 않습니까?
    B: 아뇨, 그러든가 말든가.

Big Brother is watching you
독재자는 언제나 당신을 지켜보고 있다

영국 작가 George Orwell이 다가올 미래를 부정적인 시각에서 독재사회로 그린 그의 소설 <1984>년에서 사용한 말. 참고로 이 소설은 1949년에 집필된 것으로, 독재자(Big Brother)의 사진이 들어 있는 포스터에 바로 이 문구가 쓰여 있었다고 한다. 즉,

Big Brother is watching you는 「국가권력이 개인의 사생활을 항시 감시하고 있다」란 얘기. 한 집단내의 「권력계층이 감시의 눈길을 떼지 않고 있다」는 의미로 폭넓게 인용된다.

A: I wouldn't surf the Internet during business hours if I were you.
B: Why? How are they going to find out?
A: **Big Brother is watching you.**
B: That's rather ominous.

    A: 나라면 근무시간중에는 인터넷을 하지 않겠어.
    B: 왜? 그들이 어떻게 알아채겠어?
    A: 위에선 네 일거수 일투족을 낱낱이 지켜보고 있단 말야.
    B: 거 좀 불길한데.

It's the real thing
진짜입니다

말그대로 「가짜가 아니라는」 뜻. 코카콜라의 광고에 인용되어 유명해진 말이다. 한때 펩시콜라의 등장에 긴장한 코카콜라측이 '우리도 한번 맛에 변화를 줘볼까?'하고 잠깐 맛을 바꿨다가 실패본 적이 있었는데, 그후 원래의 코카콜라 맛으로 돌아가면서 광고에 냈던 카피가 바로 "Classic Coke, It's the real thing."

A: Is that computer an IBM-clone?
B: No, **it's the real thing.**
A: How much did it cost you?
B: **A fortune!**

    A: 그거 IBM 클론이니?
    B: 아니, 이건 진짜라구.
    A: 얼마 주고 샀어?
    B: 어마어마하게 줬지!

Show me a good loser, and I'll show you a loser
멋진 패자란 없다

우리는 잘 모르지만 미국에서 한때 영화로 만들어질 정도로 굉장히 유명했던 미식축구 코치, Knute Rockne란 사람이 "Show me a good and gracious loser, and I'll show you a failure"라고 한 말이 사람들의 입을 거치는 동안 이렇게 변형되었다. 「멋진 패자라고?! 그래, 보여줄테면 보여줘 보시지~」, 결국 승자와 패자만 존재할 뿐 「멋진 패자란 없다」는 비정한 승부의 세계를 엿볼 수 있는 문장.

A: Bob got that promotion I wanted. I guess I'd better go congratulate him.
B: Why?
A: Well, I don't want to be rude. I want to be a good loser.
B: **Show me a good loser and I'll show you a loser.**

A: 내가 바라던 승진을 밥이 했어. 축하해 주는게 좋겠어.
B: 왜?
A: 글쎄, 난 무례하게 굴고 싶진 않아. 멋진 패자가 되고 싶다구.
B: 패배는 패배일뿐이야, 멋진 패자란 없어.

He can run, he can't hide
도망칠 순 있어도 숨을 순 없다

「뛰어봤자 내 손바닥 안이다」, 「너 오늘 죽었어, 맛 좀 봐라」. 한시대를 풍미했던 갈색 폭격기 Joe Louis 선수가 1941년 헤비급 선수권 시합에 나갔을 때 시합 직전 상대 선수인 Billy Conn에게 했던 말이다. 역시나 승리는 Joe Louis에게로 돌아갔다고 한다.

A: Where's Smith? I want to talk to him about that sale he botched.
B: He didn't come today, I think he's trying to avoid you.
A: **He can run, but he can't hide.**
B: Maybe not, but he's trying.

> A: 스미스 씨 어디 있나? 그가 망쳐버린 판매건에 관해 얘기 좀 해야겠는데.
> B: 오늘 안 보이던데요. 피하려는 것 같아요.
> A: 도망칠 순 있어도 내 손아귈 벗어날 순 없지.
> B: 그럴지도 모르겠지만, 어쨌든 그는 피하려 하고 있다구요.

I have a dream
나에겐 꿈이 하나 있습니다

흑인 인권 운동의 선각자로 후세에 길이 존경받고 있는 Martin Luther King 목사의 명구. 1963년 8월 워싱턴, 공민권운동 집회(Civil Rights March)에서 했던 King 목사의 외침은 일생일대의 명연설로 꼽힌다. 이 연설 가운데 'I have a dream'이 반복적으로 사용되어 유명해졌는데, 요즘처럼 Hate Crime이 난무하는 미국 사회에, 소수민족(minority)들이 날마다 마음속으로 외치는 말이 아닐런지…

A: **I have a dream.**
B: What is it you'd like to accomplish?
A: I'd like to expand the company into the Asian market.
B: Good luck!

> A: 내겐 꿈이 하나 있어.
> B: 뭘 성취하고 싶은 건데?
> A: 우리 회사를 아시아 시장으로 확장시키고 싶어.
> B: 행운을 빌어!

The only thing we have to fear is fear itself
우리가 두려워해야 할 것은 오로지 두려움 그 자체입니다

1933년, 미국의 경제 공황이 한창일 무렵, 제 32대 대통령으로 임명된 Franklin D. Roosevelt가 취임연설(inaugural address)에서 한 말. 경제 파탄의 공포에 위축되어 있는 국민들을 향해 "So, first of all, let me assert my firm belief that the only thing we have to fear is fear itself..."라고 부르짖었다.

A: I am nervous about speaking at the conference next week.
B: You don't need to be afraid of public speaking.
A: Then what should I be afraid of?
B: **The only thing you have to fear is fear itself.**

> A: 다음 주에 있을 회의에서 연설할 생각을 하니 정말 긴장돼.
> B: 대중 연설을 두려워할 필요는 없어.
> A: 그럼 뭘 두려워해야 하지?
> B: 네가 두려워해야할 건 오로지 두려움 그 자체인거야.

All for one, one for all
뭉치면 살고, 흩어지면 죽는다

낭만과 음모로 가득찬 중세시대, 호쾌한 네 기사의 종횡무진 활약상을 그린 삼총사(Three Musketeers)는 프랑스의 소설가 알렉산더 뒤마 뻬르(Alexandre Dumas Pere)의 작품. 동화에서부터 만화, 영화에 이르기까지 다양하게 각색되어 남녀노소의 사랑을 받았던 이 소설이 남긴 것이라면, 청년 달타냥과 삼총사가 구호처럼

부르짖던 바로 이 말일 것이다. 「모두는 하나를 위해, 하나는 모두를 위해」, 곧 「일심동체」를 상징하는 표현으로 원문의 불어로는 Tous pour un, un pour tous.

A: I'm having trouble getting my proposal finished on time.
B: I can give you a hand.
A: But don't you have your own report to write?
B: **All for one, one for all!**

> A: 시간 맞춰 건의안을 작성하기가 곤란하겠는걸요.
> B: 제가 도와드릴 수 있는데요.
> A: 하지만 당신도 보고서를 써야잖아요?
> B: 뭉치면 살고, 흩어지면 죽는다잖아요!

We're No.2. We try harder
우리는 2위입니다. 그래서 더 열심히 노력하고 있습니다

Hertz 사 다음으로 큰 미국의 렌트카 회사, Avis 사의 캐치프레이즈. 2위라 1위보다 못한게 아니라, 역으로 「2위이기 때문에 최고를 목표로 더 열심히 서비스하고 있다」는 얘기이다. 조금 못하고, 조금 부족하면 숨기려고 하는게 인지상정인데, 거꾸로 그 모자람을 당당히 드러낸 것이 오히려 광고계에 신선한 충격이 되었음은 물론, 열심히 노력하는 자세가 더더욱 부각되어 많은 사람들의 호응을 얻을 수 있었다고.

A: Biggest doesn't always mean best.
B: What do you mean?
A: Well, **we're number two and we try harder.**
B: Yes, you're right.

> A: 크게 항상 제일 좋은 것만은 아냐.
> B: 그게 무슨 말이야?
> A: 음, 좀 작아도 더더욱 열심히 노력하면 된다는 얘기야.
> B: 그래, 맞아.

Where's the beef?
진짜 알맹이는 어디 있소?

전 세계 햄버거 업계를 주름잡는 Wendy's의 TV 광고 문구. 경쟁사의 햄버거를 뜯어보면서 「밀가루만 많고 도대체 고기는 보이지 않는구만」하는 뜻에서 "Where's the beef?"라고 묻는 장면이다. 즉, 「Wendy's는 고기가 많이 들어 있는데…」라는 뉘앙스를 담고 있는 것. 1984년 민주당 대통령 후보 지명전에서 Walter Mondale측이 경쟁후보였던 Gary Hart측에 대해 「당신네 선거공약에 도대체 알짜배기는 어디 있소?」라는 의미의 반박 구호로 인용하기 시작하면서 널리 인식되기에 이르렀다고.

A: Have you read my report yet?
B: Yes, but **where's the beef?**
A: What do you mean? I worked on it for weeks!
B: That may be so, but your report has very little substance.

   A: 내 보고서 읽어봤니?
   B: 응, 근데 핵심은 어디 있니?
   A: 무슨 말이야? 몇주 내내 쓴 건데.
   B: 아마도 그랬겠지만, 아무래도 네 보고서엔 알맹이가 없어.

You've come a long way, baby
그대, 먼 길을 왔군요

Philp Morris가 여성을 대상으로 한 Virginia Slims 담배를 내놓으면서 TV 광고문구로 쓰여 유명해진 말. 여기서 baby는 「여성」을 일컫는 애칭으로 「여성들이 여기까지 진보했구나」, 즉 「그대, 장족의 발전을 거두었군요」라는 의미이다. 여성들의 사회진출로

남녀의 장벽이 허물어지면서 담배 역시 여성들에게 기호품 정도로 여겨지게 된 것을 두고 하는 말. 시류를 잘 탄 상술이 돋보이는 카피이다.

A: I hear you've just been promoted to manager.
B: Yes, it was surprising since I don't have a university degree.
A: **You've come a long way, baby.**
B: Yes, I have.

> A: 부장으로 승진하셨다면서요.
> B: 네, 나는 대학도 안 나왔는데 놀랐어요.
> A: 장족의 발전이네요.
> B: 네, 그래요.

A bird flying into a house
집안으로 날아든 새

우리들에게 새는 귀엽고 사랑스러운 존재이지만 미국에서 집으로 날아든 새는 「죽음의 징조」(sign of death)로 생각된다. 새는 죽은 자의 영혼(soul of the dead)으로 인식되기 때문이다. 따라서 새가 집으로 날아들어 오는(bird flew into a house) 것은 새가 함께 떠날 또다른 영혼을 찾고 있는 것으로 집안에 불운이 깃듦을 의미한다.

A: The other day when I was out on the patio **a bird flew into my house.**
B: Wow, that's a sign of bad luck.
A: I know, so I waited for it to find its own way out.
B: Hopefully that means it didn't find a soul in your house.

> A: 며칠 전에 베란다에 나와 있었는데 새 한마리가 집안으로 날아 들어왔지 뭐야.
> B: 야아, 그거 불운의 징조야.
> A: 알아, 그래서 고놈이 알아서 밖으로 나가는 길을 찾기를 기다렸지.
> B: 그 새가 너희 집에서 영혼을 발견한게 아니라는 뜻이길 바란다.

Carrying her across the threshold
신부를 문지방을 넘어 안고 들어가는 것

사악한 영혼들(evil spirits)은 신혼부부의 행복을 깨기 위해 신혼집으로 처음 들어오는 신부를 넘어뜨리려 한다고. 처음 신혼집으로 들어갈 때 신랑이 신부를 번쩍 들고 문지방을 넘는 풍습이 생기게 된 이유 중 하나가 바로 이러한 믿음 때문.

A: So tonight's the night you are going to carry her across the threshold?
B: I just hope I can actually lift her up.
A: She's not that heavy, is she?
B: No, but I put out my back last week.

> A: 그럼, 오늘밤이 그녀를 문지방 너머로 안고 들어갈 바로 그 밤이란 말이지?
> B: 난 사실 그녀를 들 수 있기만 바랄뿐야.
> A: 그녀는 그렇게 무겁지 않잖아, 안그래?
> B: 응, 하지만 지난 주에 등을 삐끗했거든.

Cutting the wedding cake
함께 살아갈 다짐

서양의 결혼풍습 가운데 하나인 웨딩케익을 신랑신부가 자르는 것은 「앞으로 모든 것을 함께 나누겠다」(share all possessions in the future)는 표시. 한편 웨딩케익은 신혼부부의 행운(good fortune)과 다산(fertility)을 상징한다.

A: The wedding cake looks absolutely delicious!
B: I am dying for a piece.
A: You're just going to have to wait for the bride and groom to **cut the cake**.
B: I guess we can't break the tradition.

> A: 그 웨딩케익 끝내주게 맛있어 보이는데!
> B: 한조각 먹고 싶어 죽겠구만.
> A: 신랑신부가 케익을 자를 때까지 기다려야 할 걸.
> B: 전통을 깰 순 없지.

An apple a day keeps the doctor away
하루에 사과 한 개는 의사를 멀리한다

우리 주변에도 「…가 …에 좋다」는 등 약간의 과학적 근거와 사람들의 과장된 경험이 어우러진 숱한 얘기들이 있다. 「매일 사과를 한 개씩 먹으면 병원에 갈 필요가 없게 된다」는 얘기도 그런 얘기 중 하나. 사과의 영양가가 높고도 높음을 강조하는 것이다.

A: Is there any fruit that you know of that keeps the taxman away?
B: What are you talking about?
A: Well, if **an apple a day keeps the doctor away**, there must be something to keep the taxman away.
B: Very funny!

> A: 세무소 직원을 얼씬 못하게 하는 과일 아는거라도 있냐?
> B: 무슨 말이야?
> A: 음, 하루에 사과 하나 먹고 의사와 상종도 않게 된다면 필시 세무소 직원을 얼씬도 못하게 할 뭔가도 있을거란 말이지.
> B: 너무 재밌다!

The seven-year itch
권태, 바람기

seven-year itch는 결혼 후 7년쯤 되면 오는 「권태」 혹은 「바람기」. 사람의 몸과 마음은 7년에 한 번 꼴로 변하기 마련이라는 미신에서 비롯된 것으로 마릴린 몬로 주연의 영화 <7년만의 외출>의 제목도 The Seven-Year Itch이다.

A: Did you hear about Dave and Sue?
B: No, what happened?
A: They broke up.
B: Maybe they **got the seven-year itch**.

> A: 데이브와 수 소식 들었니?
> B: 아니, 무슨 일 있어?
> A: 걔네들 깨졌대.
> B: 바람 들었나 보지.

Tying a string around a finger
뭔가를 잊지 않으려고 손가락에 끈(실)을 묶어 두는 것

까마귀 고기를 먹은 건망증이 심한 사람들의 처절한 기억법. 손바닥에 볼펜으로 꽉꽉 눌러 적어놓는 방법처럼 손을 이용한다. 손가락에 실을 한가닥 묶어보면 (Tie a piece of string around a finger) 우리가 해야 할 일을 절대 까먹지 않을 것이다.

A: I can't believe I forgot to bring my key again!

B: Why don't you **tie a piece of string around your finger** to remind you?
A: I would, but I forgot where I put the string.
B: Why don't I just call you tomorrow morning and remind you?

> A: 어떻게 또 열쇠를 까먹고 올 수 있지!
> B: 안까먹게 손가락에 실 한가닥 묶지 그래?
> A: 그래야겠는데, 실을 어디다 뒀는지 모르겠어.
> B: 그냥 내일 아침에 내가 전화로 상기시켜줄까?

Toasting when drinking
술잔을 들고 함께 건배하는 행위

술마실 때 즐거운 분위기 속에서 하게 되는 「건배」(toast). 하지만 그 유래는 비극적이다. 서로의 잔에 독이 없음을 입증하기 위해 각자의 술을 상대방에게 몇모금 따라주던데서 비롯, 단순히 잔을 부딪히는 것으로 변천한 것이다. 또한 건배시 "To your health"하면 사악한 영혼이 건배의 선의를 해치지 못한다고 생각된다.

A: I'd like to **propose a toast**.
B: What do you want to drink to?
A: I want to drink to our friendship.
B: I'll drink to that.

> A: 건배하자.
> B: 무엇을 위해서?
> A: 우리들의 우정을 위해서 하고 싶군.
> B: 나도 우정을 위해 마시겠어.

Knocking on wood
불운을 피하려고 나무를 두드리다

나무속에 신의 정령이 살고 있다고 믿었던 미국인들은 나쁜 일이 일어나지 않기를 바라거나 자화자찬을 해도 신의 노여움을 사지 않기 위해 나무를 세번 두드리면서 "Knock on wood"라고 말하는게 통례.

A: Hey, have you ever had a car accident before?
B: No. **Knock on wood.**
A: I just had one last week and my insurance has more than doubled now.
B: I guess I have been lucky.

    A: 이봐, 이전에 자동차 사고 나본 적 있어?
    B: 아니. 이렇게 말해도 앞으로 아무 일 없기를.
    A: 나는 지난 주에 한 번 사고를 냈는데 보험료가 이제 2배 넘게 올랐어.
    B: 내가 운이 좋긴 좋았군.

Looking at a full moon
보름달을 바라보는 것

일찍이 달은 광기와 연이 깊다. 특히 보름달을 바라보는 사람은 미치게 될 우려가 있어 보름달이 뜨는 기간 동안에는 이상한 일들(strange things)이 생기거나 불화(quarreling)가 발생한다는 믿음으로 발전된 것.

A: Did you find the people at work today a little crazy?
B: Come to think of it I did.
A: There must be **a full moon tonight**.
B: You're right. There is a full moon tonight.

> A: 사무실 사람들이 오늘 약간 이상하다는거 못느꼈어?
> B: 그러고 보니까 그랬어.
> A: 오늘밤 보름달이 뜨는게 틀림없어.
> B: 맞아. 오늘밤엔 보름달이 뜰거야.

Friday the thirteenth
13일의 금요일

더이상 말이 필요없다! 13일의 금요일은 한마디로 재수없는 날(bringing great misfortune). 서양에서 재수없는 숫자(unlucky number)로 알려진 13과 재수없는 날(unlucky day)로 알려진 금요일의 조합이니 오죽할까?!

A: You're not actually going to get married on **Friday the thirteenth**, are you?
B: Yeah!
A: Don't you think it's bad luck?
B: Not at all. I don't believe in that kind of stuff.

> A: 사실 13일의 금요일에는 결혼하지 않을거지, 안그래?
> B: 아니!
> A: 부정탈거라고 생각하지 않니?
> B: 전혀. 난 그런 따위는 믿지 않는다구.

Cats have nine lives
고양이는 아홉 목숨을 가졌다

일설에 따르면 고대 이집트에서는 고양이를 신성시해서(be like gods) 고양이를 죽이는 것은 죽음을 부르는 대역죄(crime that could be punished by death)로 간주되었다. 이로부터 고양이 목숨은 9개나 된다는 믿음이 생기게 되었다고.

A: Wow, you **must have been a cat** in your former life.
B: Why do you say that?
A: I've never seen someone who is as lucky as you when it comes to accidents.
B: I guess you're right. I am pretty lucky.

> A: 넌 전생에 고양이였던게 틀림없어.
> B: 어째서 그렇게 말하는데?
> A: 사고가 닥쳤을 때 너만큼 운좋은 사람은 본 적이 없거든.
> B: 그래 맞아. 내가 운이 꽤 좋지.

Beginner's Luck
초보자 운

무식하면(?) 용감해지기 때문일까? 도박(gambling)의 세계에서는 옛부터, 엄격하고 치밀한 계산에 따라 움직이는 고수들보다는 예측불허의 초보가 "대박"을 터뜨리기 쉽다는 미신이 떠돌았는데…. 뭐, 멀리 갈 것도 없이 우리 주변의 고스톱판에서도 심심찮게 목격할 수 있어 예사로이 들리지 않는 미신이다. 도저히 「실력」이라 부를 수 없는 이런 현상을 beginner's luck(초보자에게 따르는 운)이라는 말 외에 달리 뭐라 표현할 수 있으랴! 물론 이는 반드시 도박판에서만 통용되는 미신은 아니다.

A: Wow! That was a great shot!
B: **Beginner's luck.** This is my first time playing ping-pong!
A: Really? Hmm... You look like a natural-born player!

A: 이야! 멋지게 쳤는걸!
B: 초보자에게 따르는 운이지 뭐. 난 탁구 처음 해봐.
A: 정말? 거 참… 타고난 탁구선수 같은데!

Tossing A Coin into A Fountain
분수에 동전을 던지며 소원을 비는 것

분수대(fountain)에 동전을 던져넣으며(tossing a coin) 소원을 빌면 이루어진다는 얘기는 우리에게도 익숙한 미신. 이 풍습은 원래 옛날 서양에서 우물이 마르지 않도록 바다의 신에게 바치는 뇌물(?)로 우물 밑바닥에 동전을 던져넣었던데에서 비롯된 것. 가끔씩 궁할(?) 땐 백화점 분수대 바닥에 쌓인 동전들이 그렇게 빛나 보일 수가 없는데….

A: Look at all those **coins in the bottom of the water fountain.**
B: Make a wish and add your own to the collection.
A: Okay. I'll make a wish to find my dream girl.

A: 분수대 바닥에 동전 쌓인 것좀 봐.
B: 소원을 빌면서 저기에 네 동전도 던져넣어봐.
A: 그러지 뭐. 이상형의 여자를 만나게 해주세요.

God Bless You!
신의 가호가 있기를!

영미권에서는 누가 재채기(sneeze)를 하면 "God bless you"(신의 가호가 있기를)라고 말해주는 습관이 있는데, 이는 재채기를 할 때 사람의 영혼이 잠시 빠져나갈 지도 모른다고 믿었던데서 비롯된 것. 하긴 무시무시한 풍속(?)을 자랑하는 재채기의 위력에 가끔 정신이 멍~ 해지기도 하는 걸 보면 정말로 영혼이 잠깐 빠져나가는지도…? ^^;

A: Oh, no! I think I'm going to sneeze.
B: God bless you, but turn your head!
A: You're so unkind. Ha-choo!

> A: 아, 이런! 재채기 나올 것 같아.
> B: 신의 가호가 있기를. 근데 고개 좀 저리 돌려라.
> A: 쌀쌀맞기는. 엣취!

Tooth Fairy Is Coming to My Bedroom
이 요정이 내 방으로 올거야

아직 인생의 쓴맛을 한참 덜본 어린아이들에게 젖니를 뽑는 것만큼 공포스런 일이 또 있을까? 아이들의 이런 마음고생(?)을 생각하면 간신히 뽑은 이를 부담없이 휙 버릴 수도 없는 노릇. 우리나라에서는 고생끝에 뽑은 이를 지붕 위로 던지며 예쁜 새 이빨을 달라고 기원하는 반면, 서양에서는 이를 베개 밑에 놔두고 자면 tooth fairy가 와서 이를 가져가는 대신 '돈'을 놔두고 간다는 얘기를 들려주면서 이 뽑느라 진땀 뺀 아이들의 맘을 달래 주었다.

A: **Mom, my tooth came out! Can you believe it?**
B: Congratulations, honey! Tonight, **put your tooth under your pillow**.
A: **Will the tooth fairy come?** I hope she leaves me a lot of money!

A: 엄마, 내 이가 빠졌어요! 놀랍죠?
B: 축하한다, 아가야! 오늘 밤에 그 이를 베개 밑에 넣어두렴.
A: 이빨의 요정이 오겠죠? 요정이 돈 많이 주고 갔으면 좋겠는데!

Abracadabra
수리수리 마수리

대한민국 대표 주문(charm)이 「수리수리 마수리」라면, 미국 대표는 abracadabra. 「성부와 성자와 성령」(Father, Son and Holy Spirit)을 뜻하는 히브리어 Ab, Ben and Ruach A Cadsch에서 파생된 말로, 처음에는 병을 치료하는데 효과가 있다고 믿어 의심치 않던 주문의 말이었다. 이에 비해 라틴어 냄새를 물씬 풍기는 hocuspocus는 마법사가 「눈속임」을 위해 외웠던 주문.

A: **Can you show me how you do that magic trick?**
B: Sure. Just turn the hat upside down, move your hand like this, and **abracadabra**! You're done.
A: **That looks difficult!**

A: 그 마술 비결이 뭔지 가르쳐줘.
B: 그러지 뭐. 모자를 이렇게 뒤집고, 손을 이렇게 움직이면서, 수리수리마수리! 이러면 되는 거야.
A: 어렵네!

Alcohol is your enemy!
The Bible says: Love thy enemy
술은 네 원수야! 그런데 성경은 이렇게 써 있잖아: 네 원수를 사랑하라

지나친 음주는 건강에 해로울 뿐만 아니라 목숨까지 앗아갈 수 있으니 「알코올은 당신의 원수」(Alcohol is your enemy)라는 경고문이 나올 만도 한데…. 아무리 그렇다해도 결코 술을 포기할 수 없는 애주가, 평소엔 거들떠보지도 않던 성경까지 들먹이며 그럴싸한(?) 구실을 찾아냈다. 그 유명한 「성경에서 말하길 네 원수를 사랑하라고 했으니」(The Bible says: Love thy enemy), 성경의 가르침대로 자신은 '술'이라는 원수를 계속 사랑하겠다나 뭐라나?!! 참고로 thy는 your라는 뜻의 고어.

A: I don't know what to do about Jim.
B: Well, you know what they say, **"Love your enemy."**
A: That is not an option.

> A: 짐을 어떻게 해야 될지 모르겠어.
> B: 어, 사람들 하는 말 있잖아, "원수를 사랑하라."
> A: 그렇게는 못하지.

An apple a day keeps the doctor away,
but an onion a day keeps everyone away.
하루에 사과 하나면 의사가 필요 없지만
하루에 양파 하나면 옆에 사람이 없어진다

사과같은 과일을 꾸준히 먹으면 건강해져서 의사를 가까이 할 일이 없다(An apple a day keeps the doctor away)는데, 그럼 양파(onion)를 꾸준히 먹으면? 양파도 물론 건강을 유지하는 데 일조하겠지만, 무엇보다도 특유의 강한 냄새때문에 의사는 둘째치고 주변 사람들(everyone)까지 가까이 하기가 힘들 거라고. 마늘(garlic)에 비

할 바는 아니겠지만, 먹고 난 뒤 사후처리가 제대로 이루어지지 않으면 '가까이 하기엔 너무 먼 왕따'가 될 수도 있다는 사실을 잊지 마시라~!

A: Do you have any ideas for staying in shape?
B: Well, an apple a day keeps the doctor away.
A: Yeah, I should try to eat right.

> A: 몸을 건강하게 유지하는 무슨 생각이라도 있어?
> B: 저기, 하루에 사과 하나 먹으면 의사도 필요없대잖아.
> A: 그래, 바로 먹어봐야겠네

Television is called a medium because anything good on it is rare
텔레비전은 '미디어(media)'라고 불린다. 왜냐면 그 안에서 좋은 건 '드물기(rare)' 때문이다

medium은 텔레비전, 라디오, 신문 등과 같은 「정보 전달 수단」(method of giving information)의 통칭인 media의 단수형이자 rare, well-done과 함께 고기의 익힘 정도를 나타내는 형용사. rare 역시 고기의 조리 정도 외에 어떤 것이 「희박한」이라는 뜻으로도 사용된다. 이러한 medium과 rare의 이중적 의미를 이용한 이 문구는, 「텔레비전을 미디어라고 부르는 이유는 좋은 프로그램이 드물기 때문」이라는 뜻의 말장난으로, 시청자들의 눈과 귀를 사로잡기 위해 갈수록 선정적이고 자극적인 내용들로 채워지고 있는 일명 '바보 상자'의 무익함을 꼬집어냈다.

A: Would you like your steak rare, medium, or well-done?
B: I'd like it medium, please.
A: And would you like a salad with that?

> A: 고기를 레어, 미디엄 아니면 웰던 중 어떤 걸로 드릴까요?
> B: 미디엄으로 해주세요.
> A: 함께 샐러드도 드시겠어요?

I shall return
나는 반드시 다시 돌아온다

Douglas MacArthur 장군이 제 2차 세계대전 초 일본군에게 쫓겨 오스트레일리아로 일시 철수했을 때 "I came through and I shall return"(살아남아서 반드시 다시 돌아오리라)이라는 한마디를 남겼고, 결국 그는 약속(?)대로 다시 돌아왔다고 한다. 이로부터 "I shall return"은 약속이나 맹세를 할 때 곧잘 사용된다.

A: Sorry to hear you got fired, Frank.
B: Don't be sorry for me, I shall return.
A: What do you mean?
B: I'll find a better job elsewhere.

A: 네가 쫓겨나다니 프랭크, 안됐다.
B: 안타까워할 필요 없어. 난 다시 돌아올테니 말야.
A: 무슨 뜻이야?
B: 다른 데서 더 좋은 일자리를 얻을 거라구.

I'm your worst nightmare
나는 네 최악의 악몽이다

'80년대 세계인의 액션 히어로는 뭐니뭐니해도 람보! 바로 그 람보가 월남전에 진출해(?) 용감무쌍하게 활약했던 영화 Rambo II에서 베트남군들에 맞서 했던 말이 바로 이것. Rambo 시리즈가 끝난 지 이미 오래지만, 이 말은 make your life very difficult라는 의미로 계속해서 쓰이고 있다. 특히 일상생활에서는 상사가 부하직원에게, 엄마가 아이에게 무리한 일을 시키거나 야단을 치면서 조금은 미안한 마음이 들 때 멋적은 듯 농담조로 종종 던지곤 한다.

A: You don't want to mess up in my department.
B: Why is that?
A: Because **I'm your worst nightmare**.
B: Okay, I'll remember that.

> A: 우리 부서 분위기를 어수선하게 만들지 마십시오.
> B: 왜 그러시죠?
> A: 그러면 제가 당신을 가만 놔두지 않을 거니까요.
> B: 좋아요, 그 말 기억해 두죠.

To be, or not to be
죽느냐 사느냐

수많은 고전을 세상에 내놓은 전설적인 극작가 Shakespeare의 4대 비극 가운데 하나인 Hamlet에서, 삶과 사랑에 대해서 고민하지만 우유부단하기 짝이 없는 우리의 주인공 햄릿이 하는 말. 하나의 완전한 문장은 아는 사람은 다 알다시피 To be or not to be, that is the question이다. 특히 to be or not to be는 to smoke or not to smoke와 같이 be 자리에 동사만 바꿔가며 다양하게 인용되고 있다.

A: **To quit or not to quit, that is the question.**
B: You're not thinking of quitting your job, are you?
A: Yes, I am. Things have been getting too stressful.
B: Well, don't. Things will improve.

> A: 그만두느냐, 마느냐 그것이 문제로다.
> B: 회사를 그만둘 생각을 하는건 아니겠지, 그치?
> A: 아니, 그래. 너무 스트레스 쌓여서 말야.
> B: 음, 그러지마. 상황은 나아질거야.

The game isn't over till it's over
시합은 아직 끝나지 않았다

양키즈의 명포수 Yogi Berra가 한 말.「최후까지 시합을 버리지 마라」, 즉「끝까지 최선을 다하라」는 얘기를 이렇게 간결한 말로 멋지게 표현했다. 길고 짧은 건 대봐야 아는 법. 끝까지 해보기도 전에 섣불리 속단해서 포기하는 건 금물이다. 설사 승리하지 못했더라도 최선을 다했다면 거기에 더 큰 의미가 있는 것! 물론 Knute Rockne 같은 사람은 "Show me a good loser, and I'll show you a loser"라고 말할지도 모르겠지만….

A: I think our clients are going to go with another company.
B: Relax, we still have a couple of hours before they make their decision.
A: Why bother waiting? We've already lost them.
B: **The game isn't over until it's over.**

    A: 고객들이 타사와 거래할 것 같아요.
    B: 진정해요, 그들이 결정을 내릴 때까진 아직 몇 시간 남았어요.
    A: 고달프게 기다릴 필요가 있을까요? 우린 이미 그들을 놓친 거라구요.
    B: 길고 짧은 건 대봐야 알아요.

Cash Cow
재원

돈은 남녀노소를 불문하고 언제 어디서나 좋은 것. 미국의 거리를 가다보면 가끔 눈에 띄는 Cash Cow는 기업의 재원, 돈벌이가 되는 상품, 즉 돈줄을 말한다.

A: **The bottled water industry, now that's a real cash cow.**
B: **Why do you say that?**
A: **The water companies aren't paying that much for the water, but they sell it in the grocery store for a small fortune.**
B: **You've got a point.**

    A: 생수시장은 정말이지 돈줄이야.
    B: 왜 그렇게 생각해?
    A: 생수회사는 얼마 들이지 않고 물을 구해서 식료품점 등에 비싼 값에 내다 팔아 짭짤한 수입을 챙긴다구.
    B: 바로 그 말이예요.

Clearance Sale
재고정리세일

말로는 백화점들이 세일만 한다고 비아냥거리지만 막상 물건구입하려고 하면 싼 것을 찾게 되는 것이 인간의 본능인지라 각종 세일이 판을 친다. 미국도 매한가지 각종 기회를 만들어 세일하기 급급한데 clearance sale(재고정리 세일), closeout sale(폐점세일), back-to-school sale(신학기전 세일) 등 종류도 다양.

A: **Can you tell me when the clearance sale ends?**
B: **It is going on all week.**
A: **Can I put something on lay away and still get the clearance sale price?**
B: **You'll have to ask them at the lay away desk.**

    A: 재고정리 세일은 언제 끝나요?
    B: 주중에 계속됩니다.
    A: 먼저 예약금만 내고 나중에 세일가격으로 살 수 있을까요?
    B: 예약할부 판매담당에게 물어보세요.

Space Available
임대

우리도 거리를 지나다 보면 건물 등에 빨간색으로 「임대」라고 크게 써놓은 것을 많이 볼 수가 있다. 미국에서는 옆의 그림처럼 사무실이나 방에 임대를 놓게 되면 일반적으로 Space Available, For Lease 또는 For Rent 등의 표현을 이용하여 광고한다.

A: **Do you know what kind of apartment is available?**
B: **It's a two bedroom.**
A: **When is it available?**
B: **December first.**

    A: 아파트 어떻게 나와 있습니까?
    B: 침실 2개 짜리요.
    A: 언제 들어갈 수 있는데요?
    B: 12월 1일이에요.

Check Room
휴대품 보관소

식당이나 극장에서 손님들의 외투, 가방 혹은 사진기 등의 휴대품들의 임시보관 장소. 호텔 check-in 전, 혹은 check-out 후에 check room을 이용하면 짐없이 홀가분하게 돌아다닐 수 있다. 다만 보관료를 받을 수도 있으니 잔돈은 미리 준비해 둘 것!

A: I'm here to **pick up my coat**.
B: Do you **have your tag**?
A: Yes, here it is.
B: It will be just a minute.

> A: 제 코트를 찾으러 왔는데요.
> B: 보관표 갖고 계세요?
> A: 예, 여기 있습니다.
> B: 잠시만 기다려 주세요.

Rome wasn't built in a day That's because it was a government job
로마는 하루아침에 지어진게 아니다 그건 정부 일이라 그랬지

중요한 일에는 시간이 걸리기 마련(it takes time to achieve something important)이니 조급해하지 말라는 뜻으로 자주 인용하는 문구 "Rome wasn't built in a day"(로마는 하루 아침이 이루어지지 않았다)에 토를 단 사람이 있다. 로마가 크고 위대한 도시라서 시간이 많이 걸린 것이 아니라, 로마 건설(it)은 정부가 하는 일(government job)이었기 때문이란다. 경쟁력 강화니 개혁이니 아무리 떠들어대도 '만만디' 정신으로 무장, '세월아 네월아~ 가는 세월 좀먹냐'는 식으로 일하는 정부 관료주의는 미국에서도 마찬가지인 모양이다.

A: **This city wasn't built in a day**.
B: It seems like it.
A: Yeah, public planning here is a little crazy.

> A: 이 도시는 하루 아침에 지어지지 않았어.
> B: 그렇게 보여.
> A: 그래, 이곳의 공공기관의 계획은 좀 엉망이지.

Mentor
조언자

Mentor는, Homer의 대서사시 "The Odyssey"에 등장하는 Odysseus의 절친한 친구의 이름이다. 트로이 전쟁(Trojan War)에서 그리스를 승리로 이끈, 지혜와 용기를 겸비한 명장 Odysseus. 그에게는 Mentor라는, 친구이자 충실한 조언자가 있었는데 집을 떠나 전쟁터로 나가면서 Mentor에게 자신의 아내 Penelope와 아들 Telemachus을 보살펴 달라고 부탁했다. 그 후 Mentor는 현명한 조언과 바른 가르침으로 Telemachus를 훌륭하게 지도했기 때문에, 오늘날 그의 이름인 Mentor는 「현명한 조언자」(wise counselor)나 「안내자」(guide)를 의미하는 단어로 굳어졌다.

A: **You were really fortunate to have a mentor while you were learning copyright law.**
B: **I know. I couldn't have done it alone.**
A: **Would you mind helping me get started and being my mentor?**

> A: 저작권법을 배우는 동안 지도해 주는 사람이 있었으니, 넌 정말 운이 좋았어.
> B: 그러게. 혼자서는 못 했을 거야.
> A: 이번엔 네가 내 스승이 되어 시작하는 것을 도와 주지 않을래?

Uncle Sam
미국정부, 미국민

이 표현은 1812년, 당시 뉴욕에서 육류 포장업을 하던 Samuel Wilson이라는 사람이 군부대에 고기를 납품할 때 생겨난 말이다. Samuel은 부대에 고기를 대주면서 포

장에 "U.S."라고 표시하는데, 이를 보고 병사들이 Samuel의 애칭인 Sam을 이용해서 농담삼아 샘 아저씨네(Uncle Sam's) 고기라고 불렀던 것이다. 이는 미국을 의미하는 United States의 약자와 같아 이러한 뜻을 나타내게 된 것. 기둥 높은 모자를 쓰고 성조기 무늬가 그려진 연미복을 입은, 흰 턱수염을 기른 할아버지의 모습으로 대변되기도 한다.

A: I don't think I want to work for **Uncle Sam** anymore.
B: I thought that the government paid well, and that it was a secure job.
A: It's secure, but I want to do something on my own.

> A: 난 이젠 미국 공무원은 그만 해야겠어.
> B: 정부에서 월급도 잘 주고, 안정적인 직업인 줄 알았는데.
> A: 안정적이긴 하지만 내 스스로 뭔가를 하고 싶어.

John Doe
신원이 미확인된 남자

특정 이름을 거론하지 않고 뭉뚱그려 일반적인 남자를 얘기할 때, 우리는 보통 철수나 영수 등의 이름을 써먹는데, 바로 이 이름에 해당하는 영어 이름이 John이다. 여기서 온 'John Doe'라는 표현은 일반적인 남자를 지칭하는 표현으로, 정확한 이름을 알 수 없는 용의자 또는 시신 등을 지칭하거나, 아래 예문에서와 같이 신원을 알 수 없는 막연한 사람을 가리킬 때 많이 쓰인다. 여자는 'Jane Doe'라고 하면 된다. 참고로, John의 애칭 Johnnie가 들어가는 표현으로 'Johnnie-come-lately' 혹은 'JCL'이라는 재미있는 표현이 있는데, 이는 그 분야의 「신참자」, 「햇병아리」, 「풋내기」 등을 의미한다.

A: Have you heard if they've identified the accident victim?
B: Not yet. We still have him listed as **a Jonn Doe**.
A: That's really sad. His family must be wondering where he is.

A: 그 사고 희생자의 신원이 밝혀졌다는 말을 들었어?
B: 아직 아냐. 지금도 신원 미확인자로 되어 있어.
A: 정말 안됐다. 그 남자가 어디 갔는지 가족이 궁금할텐데.

Midas touch
훌륭한 사업 수완

Midas는 그리스 신화 속의 왕. 황금을 너무 좋아한 나머지, 주신 Dionysus에게 자신이 손대는 것마다 황금으로 변하게 해달라는 청을 하여 소원을 성취한다. 그러나 그 결과, 먹지도 마시지도 못하게 된 것은 고사하고, 그만 사랑하는 딸마저 황금으로 변하게 만들어 절망에 빠지고 만다. 결국 Midas는 욕심을 버리고 다시 주신에게 소원을 빌어 Pactolus강에서 몸을 씻고는 원상 복귀하였다고 한다. 오늘날에 와서는 그 교훈적 의미는 색이 바래고 그저 손대는 사업마다 번창하게 만드는 경영 귀재들의 훌륭한 사업 수완이나 사업 비결을 일컫는 표현이 되었다.

A: His business is very successful and he's making a lot of money.
B: Why do you think he does so well?
A: I don't know, but he sure seems to **have a Midas touch**.

A: 그 사람은 사업에 성공해서 돈을 많이 벌고 있어.
B: 그 사람 왜 그렇게 잘 되는 걸까?
A: 모르겠지만, 확실히 훌륭한 사업 수완을 갖고 있는 것 같아.

Pandora's Box
많은 난관의 근원

그리스 로마 신화 중에서 가장 널리 알려진 이야기 중 하나로, Pandora는 Olympus의 신들이 불의 사용법을 알게 된 인류를 벌하기 위해 만든 최초의 여성. 신들은 미모, 매력, 아름다운 목소리와 자태 등을 배합하여 Pandora를 만들어서는 절대로 열어보지 말라는 명령과 함께 상자 하나를 주어 인간 세계로 내보냈다. 하지만 호기심을 참지 못한 Pandora가 그만 상자를 열어보게 되는데, 그 안에서 재앙, 질병, 죄악 등 그 이후로 모든 인류가 겪게 되는 온갖 환난이 튀어나오고 오로지 희망만이 남게 되었다고 한다. 그리하여 「판도라의 상자」는 수사적으로 쓰여 「예측 불가능한 갖가지 어려움이나 난관의 근원」(source of many troubles)을 의미하는 표현이 되었다.

A: Please don't **open that Pandora's Box**.
B: I'm sorry, but I think we really need to talk about all these issues right now.
A: Maybe when I have some more time to think about it.

> A: 제발 그 판도라의 상자를 열지 마세요.
> B: 미안하지만, 우린 이런 문제는 모두 당장 얘기해봐야 할 것 같아요.
> A: 그것에 대해 생각할 시간을 좀 더 가진 다음에요.

Veni, vidi, vici
왔노라, 보았노라, 이겼노라

실존 인물인지 소설속 인물인지 헷갈릴 정도로 전설적 영웅 카이사르(Julius Caesar)의 멋진 한마디. 카이사르가 원로원에 보냈다는 전황보고서의 라틴어 원문이

그대로 영어화된 것으로 오리지날 영어로는 "I came, I saw, I conquered." 루비콘 강을 건널 때 그가 한 말이라고 전해지는 "Alea jacta est"(주사위는 던져졌다; The die is cast로 더 잘 알려짐)와 더불어 널리 인용되고 있다.

A: I can't believe how well your company is doing!
B: Well, it wasn't easy to build it up to what it is now.
A: No, but you knew you could do it.
B: That's right. Veni, vidi, vici.

> A: 귀사는 놀라울 정도로 참 잘 돌아가고 있군요!
> B: 글쎄요, 이렇게 되기까지 쉽지는 않았습니다.
> A: 그랬겠죠. 하지만 결국은 해냈잖습니까.
> B: 맞아요. 왔노라, 보았노라, 이겼노라.

Old soldiers never die; they just fade away
노병은 죽지 않는다, 다만 사라질 뿐이다

1951년 4월, Douglas MacArthur 장군이 Harry S. Truman 대통령과 한국전 쟁에 대한 전략상의 견해차로 해임되면서, 미국의회에서 행한 연설 중 마지막 부분에 쓴 문구. 이것을 비꼬아, 월남전쟁 당시에는 "Old soldiers never die; just young ones"(노병은 죽지 않는다. 죽는 것은 젊은 병사들뿐)와 같은 낙서가 많이 눈에 띄었 다. 한편 "Old lawyers never die; they just lose their appeal"과 같이 패러디 되기도 한다.

A: After so many years in the business, old Pete is finally retiring.
B: Wow! Another legend dies!
A: No way! It's like they say: an old soldier never dies, he just fades away.
B: Yeah, you're right, but he will be missed.

A: 이 바닥에서 꽤 오랜 동안 일했었는데, 노장 피터가 마침내 은퇴를 하게 됐네.
B: 우와! 또하나의 전설이 묻히는구만!
A: 절대 아니지! 노병은 죽지 않는다, 다만 사라질 뿐이다란 말도 있잖아.
B: 음, 맞아, 하지만 그가 그리울 거야.

Play it again, Sam!
그 곡을 한번 더 연주해주게, 샘!

1943년에 개봉된 영화 Casablanca에서 Humphrey Bogart가 술집에서 As time goes by를 연주하던 피아니스트에게 건넨 한마디. 그 모습이 당대의 사람들에게 얼마나 커다란 어필을 했던지, 이후 이 말은 Humphrey Bogart의 트레이드 마크처럼 정착되었다고. 거리의 간판이나 광고문구 등으로도 자주 이용되며, 심지어 Woody Allen은 1972년 Play it again, Sam이란 타이틀의 영화를 만들기까지 했다.

A: **That was a good song you just played.**
B: **Thanks, would you like to hear it again?**
A: **Yes, play it again, Sam!**
B: **With pleasure.**

A: 방금 연주한 노래 참 좋았네.
B: 고마워, 다시 들려줄까?
A: 응, 다시 연주해주게, 샘!
B: 기꺼이.

Float like a butterfly, sting like a bee
나비처럼 날아서 벌처럼 쏘다

누가 들어도 알만한 전설적인 흑인 복서, Muhammad Ali, 그의 경쾌한 발걸음과 예리한 펀치를 두고 평한 말. 육중한 체격에 어울리지 않게 재빠른 몸놀림과 이를 표현한 이 문구가 환상콤비로 사람들의 뇌리에 박힌 것이 Ali의 인기 무기. 그의 측근인 Brown이 고안해냈다고 하는 이 말은 사람의 「맵고 잽싼 행동」을 두고 곧잘 인용해서 쓴다.

A: Did you see Bob's performance at the meeting? He really attacked that other guy, but avoided any return.
B: It was very surprising since Bob is so unassuming.
A: Yeah, he really **floats like a butterfly and stings like a bee**.
B: That's for sure. Don't mess with Bob.

> A: 회의에서 밥의 행동 보셨죠? 그가 그렇게 다른 사람을 공격하다니. 그러고도 한방도 안맞고 말이죠.
> B: 밥은 그다지 나서는 사람이 아닌데 그래서 사뭇 놀랬어요.
> A: 그래요, 정말이지 쏜쌀같이 한대 먹이더군요.
> B: 확실히 그랬어요. 섣불리 밥의 일에 휘말리지 말자구요.

All the news that's fit to print
가치있는 뉴스만 찍어냅니다

'~ 뉴스는 항상 최고를 추구합니다,' '1시간 빠른 뉴스' 등과 같이 각 언론사마다 이미지 부각을 위해 짤막한 그러나 핵심을 담은 motto를 지어내기 마련. All the news that's fit to print는 The New York Times의 motto로, 1896년 이 회사를 산 Adolph Simon Ochs가 만든 말이다. 아직까지도 매호 빠지지 않고 지면에 인쇄되고 있다고. 참고로 fit to ~는 「…하기에 딱 알맞은[좋은]」이란 뜻으로, All the news that's fit to + V의 형태로 「가치있는 소식만 …한다」는 의미로 인용되어 쓰기도 한다.

A: Did you finish that report?
B: Yes, it's done.
A: Did you include all the details we discussed?
B: Yes, **all the news that's fit to print**.

    A: 보고서 끝냈어요?
    B: 네, 다 끝냈습니다.
    A: 우리가 논의했던 세부사항들을 다 담았나요?
    B: 네, 알짜배기로만 싹 다 모았습니다.

Wearing a ring in one's ear
귀에 귀걸이를 하고

우리들 몸에 침입한 해로운 혼들을 몰아낸다고 귓불을 뚫었으며 또한 「링」에는 마법의 힘이 있다고 전해져 뚫은 귀에 링을 걸면 행운과 장수가 따른다고 믿었다.

A: Carolyn must be the luckiest girl in the office.
B: Why do you say that?
A: She **has got four earrings in each ear**.
B: I guess she is kind of lucky.

    A: 캐롤린은 사무실에서 최고로 운이 좋은 애일거야.
    B: 왜 그런 말을 하는데?
    A: 걔는 양쪽 귀에 각각 4개의 귀걸이를 끼고 있잖아.
    B: 그래 운이 좀 따르겠구만.

월(month)의 어원

February

영어에서 2월을 의미하는 February는 februare라는 라틴어에서 유래된 것입니다. 이 라틴어는 영어로 purify 깨끗[정결]하게 하다의 뜻입니다. 고대 로마에서 처음으로 만들어진 달력에서는 1년이 10달로 이루어져 있었습니다. 그러던 것을 B.C. 700년 경에 두 달을 추가시키고 2월을 한 해의 맨 마지막 달로 만들었습니다. 그러니까 한 해가 March에서 February까지로 되어 있었던거죠. 이렇게 March 즉, 3월이 한 해의 시작이었는데 B.C. 46년에 Julius Caesar가 1년의 시작을 March에서 January로 옮겼습니다. 즉, 그전까지만 해도 2월이 1년의 마지막 달이었던 셈이죠. 그래서 매년 2월이면 지나간 한해를 돌아보며 1년간 지저분해졌던 몸과 마음을 새롭게하고 정결하게 하는 의식을 가졌던 것에서 정결 purify 을 의미하는 February가 유래되었습니다.

March

아름다운 3월을 나타내는 March라는 단어가 아이러니컬하게도 '전쟁의 신'이라는 어원을 가지고 있습니다. March라는 이름은 로마의 전쟁의 신 god of war 인 Mars 마르스 에서 따온 것입니다. 하지만 Mars가 처음부터 전쟁의 신을 의미했던 건 아닙니다. 원래 Mars는 고대 이탈리아의 Sabines 종족에 의해 농업의 신 god of agriculture 으로서 숭배를 받았습니다. 그러던 것을 후에 로마인들이 Mars를 그들 민족의 아버지이자 농업을 보호하는 신 이외에 전쟁의 신으로 모시기 시작했죠. 고대 로마에서 처음으로 만들어진 달력 Roman calendar 은 Numa라는 왕에 의해 만들어졌다고 추정되고 있는데 이 왕이 바로 Sabines 종족의 후손이었기 때문에 Mars를 전쟁의 신이 아닌 농업의 신이라는 의미로서 3월의 이름으로 정했다는 설이 있습니다. 이것이 바로 만물이 소생하는 3월의 이름이 전쟁의 신에서 유래하게 된 이유입니다.

April

4월, April의 어원에 관해서는 여러가지 설이 있는데요, 가장 일반적인 설명 중의 하나는 라틴어인 'aperire'에서 파생되었다는 것입니다. 이 단어는 '열다' to open 라는 뜻으로 4월에 식물의 싹이 돋아난다는 데서 기인한 것입니다. 하지만 더 설득력있게 받아들여지는 이야기는 April이 고대 Etruria 에트루리아: 이탈리아 서부에 있던 옛 나라 말인 Etruscan의 'Aphrodite' 아프로디테 에서 유래되었다는 것입니다. 여러분도 다 아시다시피 이 Aphrodite는 고대 그리스의 '사랑과 미의 여신' the goddess of love and beauty 이죠. 따뜻하고 아름다운 계절, 봄에는 젊은이들의 마음이 온통 사랑에 관한 생각들로 가득찬다는데서 이 단어가 4월을 가리키게 되었다는군요. 또 한편으로는 4월이 아마도 'later,' 'second'을 의미하는 Indoeuropean 인도유럽족 에서 유래되었을 것이라는 설도 있습니다.

May

May에 대해 가장 널리 받아들여지고 있는 설은 만물이 성장하는 5월에 걸맞게 '봄과 성장'을 상징하는 로마여신 the Roman goddess of spring and growth 인 Maia 에서 유래했다는 것입니다. Maia는 로마신 Vulcan 불카누스: 불과 대장일의 신 의 아내로서 이 단어는 '위대한' great 또는 '성장' growth 을 뜻하는 라틴어 magnus에서 나온 말로 알려져 있습니다. 그리고 고대 로마인들은 이 Maia 여신을 기리기 위해 5월 1일과 5월 15일에 각각 의식을 거행하였다고 합니다. 한편 May가 older men을 가리키는 라틴어인 majores의 줄임말이라고 생각하는 학자도 일부 있습니다.

June

로마 여신 Juno의 이름을 몇 번은 들어보셨으리라 생각되는데 6월을 나타내는 June 이 바로 이 Juno에서 유래하였다고 하는군요. Juno는 Jupiter 고대 로마 최고의 신 으로서 하늘의 지배자 의 여동생, 또는 아내로 알려져 있는데 「여성과 결혼을 주관하는 로마 여신」 the Roman goddess of women and marriage 입니다. 그리스 신화에 Hera 여신이 있다면 로마 신화에는 바로 이 Juno 여신이 있다고 할 수 있죠. 결혼과 여성의 수호신인 Juno의 이름을 딴 유래에서도 알 수 있듯이 미국에서는 6월을 결혼의 달이라고 합니다. 그래서 6월의 신부는 June bride라고 하여 특별한 축복을 받는다고 합니다.

July

July는 누구나 한번쯤은 이름을 들어봤을 위대한 로마의 지도자 줄리어스 시저 Julius Caesar 의 Julius에서 따온 이름입니다. 고대 로마에서는 원래 7월을 Quintilis라고 불렀습니다. 이 말은 「5번째 달」 fifth month 이라는 뜻인데 February의 어원 설명을 보신 분이라면 아시겠지만 원래 고대 로마 달력에서는 1년이 10달로 이루어져 있었고 March가 한 해의 시작이었습니다. 따라서 7월이 5번째 달이었던 것이죠. 그러던 것을 나중에 12달로 늘리고 January를 첫 번째 달로 하면서 오늘날의 달력과 같은 모습이 잡히게 된 것입니다. 아무튼 로마에서 장군으로 정치가로, 그리고 역사가로 이름을 날렸던 위대한 지도자 Julius Caesar가 죽은 후 로마 사람들은 그의 업적을 기리기 위해 그가 태어난 달 7월을 그의 이름을 따서 Julius로 바꾸었답니다. 그러던 것이 세월이 흘러 영어로 옮겨오는 과정에서 July로 모습이 변한 것이죠.

August

July가 로마의 위대한 지도자 Julius Caesar에서 따온 이름이듯이, August 또한 로마제국의 초대 황제이자 Julius Caesar의 조카인 Augustus 황제의 이름에서 붙여진 것이랍니다. 그는 문예, 학술을 장려한 위대한 황제였는데 그가 세상을 떠난 후 A.D.14 로마인들이 그의 업적을 기려 8월에 그의 이름 Augustus를 붙인 것이죠. 참고로 Augustus의 본래 이름은 Caius Julius Caesar Octavian인데 그가 황제로 등극한 기원전 27년에 imperial majesty 위대한 황제 라는 의미의 Augustus라는 칭호를 받습니다. 그의 이름이 붙여지기 전까진 8월을 「6번째 달」 sixth month 을 의미하는 Sextilis로 불렀다고 합니다.

September

9월을 나타내는 September는 숫자 7 seven 을 가리키는 라틴어 septem에서 유래한 말로, 고래 로마에서는 9월을 「7번째 달」 the seventh month 을 의미하는 September로 불렀다고 합니다. 이 말이 현재까지 계속 그대로 이어져 온 것이죠. 다 아시겠지만 혹시나 하는 마음에 간단히 설명을 해 드리자면 고대 로마 달력에서는 원래 1년이 10달로 이루어져 있었고 March가 한 해의 시작이었습니다. 그러던 것을 후에 12달로 늘리고 January를 첫 달로 하면서 오늘날의 달력 형태로 된 것이죠. 따라서 그전엔 9월이 7번째 달이었답니다.

November

November는 숫자 9 nine를 나타내는 라틴어 novem에서 유래된 것입니다. 고대 로마에선 1년이 10달로 되어 있었고 March가 한 해의 시작이었습니다. 따라서 지금의 November가 그 당시엔 9번째 달이었죠. 그러던 것이 후에 2달이 추가되고 1년의 시작이 March에서 January로 옮겨진 것입니다. 고대 로마에선 November를 9번째 달 the ninth month 이란 의미로 novembris 또는 november mensis라고 불렀습니다. 잠깐 November에 얽힌 재미있는 일화를 하나 소개해 드릴까요? 7월 July와 8월 August가 각각 로마의 위대한 지도자 Julius Caesar와 Augustus Caesar의 이름에서 붙여진 것처럼 로마의 원로원은 11월을 로마의 제 2대 황제인 Tiberius Caesar에게 바쳐 그의 이름을 11월에 붙이려 했다고 합니다. 하지만 Tiberius Caesar 황제는 다음과 같이 말하며 정중하게 거절했다고 하는군요. "What will you do if you have thirteen emperors?"

December

December는 숫자10 ten 을 의미하는 라틴어 decem에서 온 말입니다. 고대 로마에선 1년이 10달로 되어 있었고 March가 한 해의 시작이었으나 후에 지금같은 형태인 12달로 바뀌었고 따라서 12월 December가 당시엔 10번째 달이었죠. 「10분의 1」을 의미하는 deci도 이 decem에서 유래한 것으로 우리가 숫자 체계로 쓰고 있는 「십진법」을 영어론 decimal system이라고 합니다.